まごころを生きる

人生をひらく仏の心

奈良薬師寺管主
安田暎胤
Eiin Yasuda

大法輪閣

はじめに

昭和五十九年の十二月十一日、日本橋三越本店の当時の津田尚二本店長をはじめ、販売促進部の中村胤夫部長、相川香苗課長、大島英仁主任の四名の方が、薬師寺東京別院に予告無く訪ねて来られました。その日は縁日で高田好胤管長（当時）の法話があるのを承知で来られたのです。

用件は、毎月三越本店で高田管長に法話をして欲しいという依頼でした。その頃、三越さんは不祥事件があって社のイメージが落ち込んでいました。法話はそれを起死回生しイメージアップするための企画であったのです。法話場所は買い物客が必ず通る一階の大きな天女像の前です。百貨店としては少しでも売り場面積を広げたいのに、敢えてお客さんへのサービスコーナーとして設けた空間です。すでにコンサート等いろいろな催しが行われていました。

三越さんとは先代の橋本凝胤師匠の時代から縁があり、昭和三十年代に本店内の部屋を法話会場として提供いただいたこともありました。また東塔水煙《すいえん》展とか、月光《がっこう》菩薩展などの大きな展覧会も協力していただいた親密な間柄でした。高田管長は即座に協力を約束し、百八回も続けられればという予定で引き受けました。そして翌月の正月から、「まごころ」の天女像に因《ちな》んで「まごころ説法」として始めました。

その第一回目の時に、わざわざ遠州流茶道宗家の小堀宗慶宗匠が、初釜の忙しい時間を割いて聴聞に来られました。それに目敏《めざと》く気づいた高田管長は、小堀宗匠を皆に紹介し二月から宗匠にも茶の道を通じての生き方を話していただくようになりました。

ところが平成八年十一月に高田管長が、病魔に倒れ法話が出来なくなりました。突然のことであり、臨時の対応策として小堀宗匠には従来通りお願いし、僧侶は松久保秀胤副住職（現長老）や山田法胤執事（現副住職）や当時は執事長であった私が交代で代講を勤めました。

平成十年六月に高田管長が遷化《せんげ》された後は、私が中心になって継続することになりました。会場は六階の劇場に変わりましたが、これは大変な三越さんのご好意であると感謝しています。一年間決まっている芝居と芝居の間に準備期間として一日か二日の間隙あり、その日を「まごころ説法」のために空けていただいているのです。入場料が無料であるせいでもありますが、使用料も無料で貸して下さっています。これは薬師寺と三越との古くからのご縁のおかげです。お江戸日本橋の桧《ひのき》舞台で毎月話をさせていただけることは有り難いことです。ただ小堀宗匠も体調を崩され毎月の講演はお願いできなくなりましたので、毎回異なった講師をお願いしていますが、講師の方々も無料奉仕です。

当初は三越さんのイメージアップとして始まった文化催事ですが、今日の世情からみれば、単なる社のイメージアップに留まることでなく、意義ある必要な文化事業として取り組んでいただいているように思います。

開始当初より毎月の法話を小田成さんが上手に要約して下さった文を、印刷して会場に来られた方に渡していますが、これも三越さんの好意によるものです。私も代講より専任講師になって数えて百八回を重ねましたので、その印刷物もかなりの分量になりました。それがオフィスK＆Yの徳田恵子さんの目に留まり、大法輪閣に紹介され出版される運びになったのがこの書物の縁起です。

改めて十年前からの文を見ますと、今の自分の考えと若干異なるところもあります。また同じような話を繰り返しているところもあり、一冊の著として出版するには恥ずかしく感じます。しかし敢《あ》えて出版したのは大法輪閣、特に編集者の佐々木隆友氏の強い要請によるものですが、私も長く続けてきた法話の歴史として記録に残すことも意味あると思ったからです。重複文は飛ばしてお読み下されば幸いです。

平成十九年八月吉日

著者　合掌

目次

装丁…清水 良洋（マルプデザイン）

第一章

まごころと共に生きる

お釈迦さまの誕生と親の愛

お釈迦さま（釈尊、ブッダ）は、ヒマラヤ山麓のカピラ国の浄飯王《じょうぼんおう》と摩耶夫人《まやぶにん》の間の王子として、生誕年は不詳（西暦の紀元前六世紀頃といわれます）ですが、旧暦四月八日にお生まれになりました。今年（平成十年）は五月三日に当たり、韓国では国の休日になっております。

お母さまはご出産のためにご実家のコーリー国に帰られる途中、ルンビニーの花園で急に産気づかれ、お経ではアショーカという樹木の花を手折《たお》ろうとされたとき、右脇からお釈迦さまがお生まれになったと伝えています。これは、古来インドでは、武士階級の出身は、神さまの右脇から生まれたといういい伝えがあることにちなむと思われます。

そして十分な手当てもできなかったためか、一週間後にお隠れになります。その後、摩耶夫人の妹さんのマハープラジャーパティーが、養母として嫁いでこられます。お釈迦さまご自身はそのことはご存じなかったと思いますが、大きくなられてからその事実をお聞きになったときのショックは、大変なものだったであろうと、私は拝察しています。

実は、私も同じ体験者です。実母は私を産んで亡くなり、母の妹が私を育ててくれました。大きくなったとき、従兄弟《いとこ》たちからそれを聞いたときはショックで、「諸行無常《しょぎょうむじょう》」ということを、漢字で書いた言葉ではなく、理屈抜きの形で強く身に感じました。父もまた戦争で亡くなっております。

しかし、考えてみますと、私は実母は亡くなりましたが、すばらしい今の母に会えました。また父に勝る父、橋本凝胤《はしもとぎょういん》という師に会うことができました。五月は「母の日」の月で、『父母恩《ぶもおん》重経《じゅうきょう》』を語るにふさわしい月ですが、お経に説かれている親の恩の多くは、私の今の母の姿に重なります。

『父母恩重経』が説く十種の親の恩

①懐胎守護《かいたいしゅご》の恩　――おなかの中に宿してから立派にお産をするまで、体をいとって十月十《とつきとお》

日《か》、一生懸命にいのちを守ってくださったお母さまのご恩です。

②臨《りん》生《しょう》受《じゅ》苦《く》の恩　――男性は戦争で苦しみ、その分女性はお産で苦しむといわれますが、いざ出産のとき大変な苦痛をおして産んでくださったご恩です。

③生《しょう》子《し》忘《ぼう》憂《ゆう》の恩　――子どもが生まれたことで苦しみをすべて忘れ「ああ、うれしい」と喜びに思う。それほど深い愛情を持ってくださるご恩です。

④乳《にゅう》哺《ほ》養《よう》育《いく》の恩　――胸に抱き、温い甘い母乳を与えて、命を養ってくださったことのご恩です。

⑤廻《かい》乾《かん》就《じゅ》湿《しつ》の恩　――夜中におねしょをしますと、ふとんを新しく替えられないのでお母さまが濡れたほうに寝、子どもは乾いたほうに寝せてくださるご恩です。

お釈迦さま説法像
（インド・サールナート博物館）

⑥洗濯不浄《せんかんふじょう》の恩 ——子どもがおしっこやうんちでおむつを汚しても、汚いとも思わずきれいに洗ってくださるご恩のことです。

⑦嚥苦吐甘《えんくとかん》の恩 ——食べるものを毒味し、苦いものは自分が食べ、おいしいものは子に与えてくださる、絶えず子どもを思う親の愛のご恩です。

⑧為造悪業《いぞうあくごう》の恩 ——子どもを育てるために、あえて悪業をする場合がある、そういうご恩です。自分がいなければ、お母さんはそんなことをしなくてすんだのに、ということが世の中にはあるものです。

⑨遠行憶念《おんぎょうおくねん》の恩 ——シベリアから帰らぬ息子を岸壁で待ち続けた母のように、離れている子どもを絶えず思ってくださる親のご恩です。

⑩究竟憐愍《くきょうれんみん》の恩 ——親とは、自分が生きている間は危難に際して子の身に代わろうとし、死後までも守ろうと考えてくださいます。そのご恩です。

近年は、子どもへの深い愛に発する姿が希薄になったように思われます。私ども一人一人が子として親として、『父母恩重経』に説かれている親の恩を改めて考え、「この頃の子どもは」という前に、わが身を省《かえり》みたいと思う次第です。

（平成十年五月六日の講演）

よりよき人間関係の道「六方礼拝」

私たち仏門にあります者は、食事をいただきますときに「五観《ごかん》の偈《げ》」を唱えます。ただし、それは一般の方には難しいので、遷化《せんげ》された高田好胤《たかだこういん》管長は、「よろこびと、感謝と、敬《うやま》いの心をもっていただきます……と、これだけはいってください」と、よく皆さまに話していました。

近年ではそれに「六方礼拝《ろっぽうらいはい》」の言葉がプラスされました。

「**《東を向いて》**お父さん、お母さん、ご先祖さま。**《南を向いて》**人生来《こ》し方、先生。**《西を向いて》**夫、妻、子ども、兄弟姉妹。**《北を向いて》**友だち。**《下を向いて》**仕事を手伝ってくださる人々。**《上を向いて》**神、仏。謹《つつし》みて六方を礼拝し奉る」

という言葉が高田管長の心の中から生まれ、食前の言葉に加わりました。

●『六方礼経』に根ざす人間関係の教え

六方礼拝とは、お釈迦さまが竹林《ちくりん》精舎《しょうじゃ》におられた頃に、異教徒浸伽羅《シンガーラ》が行っていた先祖代々の習慣を見てお説きになった教えです。今日から見ますと、多少封建的なものの考え方かもしれません。

しかし、これを参考に、皆さまの一人一人が現代の人間関係を見つめ直すよすがにしていただければと、『六方礼経』にそって幾分お話しいたします。

六方とは東・南・西・北・下・上を指しますが、お釈迦さまによりますと単なる方向ではなく、真理に向かう六つの道であります。

そして、六方を守る前になすべきこととして、〈一〉汚れた行いをしない、〈二〉悪い心を起こさない、〈三〉家や財産を傾ける行いをしないことを挙げておられます。

①東は親子の道です。子は親に仕《つか》え、家業を手伝い、家系や遺産を守って親の死後の供養をする。親は子に教育を施す、悪に進むのを止め、婚姻させ、財産を残すなどが説かれています。子

たる者は、親の願いを自分がどれだけ満たした生き方をしているか、反省の念をこめて礼拝いたします。

②南は師弟の道です。 弟子は師によく仕え、素直に命を守り、謹んで教えを受け、師は弟子に自身が身につけたものを正しく、すべて教えようという態度で臨《のぞ》まなければなりません。現在の学校の状況などを考え合わせたとき、先生、生徒ともに考えることの多い教えかと存じます。

③西は夫婦の道です。 夫は妻を敬愛し、礼節と貞節を守り、家政を委《ゆだ》ね、ときどき衣服や装飾品を与えるとあります。妻は日々順序よく働き、貞操を守り、財産の浪費を避けます。わが家のことを省《かえり》みましても、異論が多かろうと思いますが、私は夫婦とは基本的に相互に感謝し、足らざるところを補い、助け合う関係がよろしいと思っております。

④北は友人の道です。「よき友は、心の花の添え木かな」と申します。よき友であるためには、相互に睦《むつ》みあい、思いやり、心配ごとがあるときの相談相手になり、何よりもまず、自分が相手のよき友になることが肝要かと思います。

⑤下は主従の道です。 主人は使用人の力量をよく見極めて使い、よい給与を与え、使用人は主人に対して正直を守り、仕事に熟練し、主人の名誉を傷つけないように努めます。

⑥上は出家と信者（在家の人）の道です。 信者は出家に慈《いつく》しみの念を抱き、その教えを聞いて

守ります。出家は信者を悪より遠ざけ、善を勧《すす》め、慈しみをもって哀憐《あいれん》し、平安の道を説き聞かせます。

つまり六方礼拝の道とは、世の中のすべては、人間関係によって成り立っていることを自覚することです。人と人とは持ちつ持たれつの関係であり、六方を礼拝することは、お互いに拝み合うことに通じます。

高田管長は、よく弟子に深々と礼をされていたことがありました。皆さまもぜひ、拝み合う心の大切さをお考えいただきたいと思います。

（平成十年七月十五日の講演）

親の愛と責任

毎年五月、亡くなられた高田好胤《たかだこういん》管長は『父母恩重経《ぶもおんじゅうきょう》』をご一緒に読誦《どくじゅ》して、「母」の話をしておられました。あの方には時代の先を見る力があり、昭和四十年代に早くも「もので栄えて心で滅ぶ」、日本はものが豊かになるとともに、大事な心を忘れてきているということを懸命に説かれていました。そして、親孝行をしなければならない、親孝行は文化の始まりだと、よくいっておられました。

それが、最近の親は、親孝行をしてもらうのに価《あたい》する親なのか。動物でも親は子どもを大事にし、ある程度成長するまでは命がけで守っていきます。それが親の務め、いい換えれば本能ですが、戦後五十五年たって（平成十三年当時）豊かになった今、自分の生活を楽しもうというのでしょうか、自分に都合の悪いものは邪魔にする、虐待《ぎゃくたい》する傾向が出てきました。虐待すれば、今度はその子が親を虐待します。

これは日本だけのことではありません。フランスの思想家、ピエール・ルジャンドルが、「罪悪感なき世代の誕生は日本だけではない。産業化された社会に共通の現象だ。子どもが崩壊しているのではなく、大人が崩壊してしまったのだ」といっています。子どもが変わったのではなく、実際は親が、私たちが変わってしまったのです。ただ、変わったという認識に欠けているのです。母の日がある五月は、親自身がもっともっと子どもから尊敬される親になることを、自ら省《かえり》みる月ではないかと、私は思います。

父にも母にも、慈と悲が必要です

お釈迦さまの教えを詩の形で説いた『法句経《ほっくきょう》』に、

「世に母性あるは幸いなり、父性あるもまた幸いなり。世に道を求むるものあるは幸いなり、バラモンの性あるもまた幸いなり」

という言葉があります。誰しも両親がいなければ誕生しなかったのですから、私たちはまず、両親を持ったという幸せを感謝しなければなりません。

十億の　人に十億の　母あらむも
わが母にまさる　母ありなむや　（暁烏《あけがらす》　敏《はや》）

そして、その父と母には、「父に慈恩《じおん》あり、母に悲恩《ひおん》あり」、さまざまなことを与える慈恩と、悲しみを取り除く悲恩があると説かれています。

慈悲とは「与楽抜苦《よらくばっく》」、楽を与え苦を抜くことです。

父は照り　母は涙の　露となり
同じ恵みに　育つなでしこ

父にも母にも、強い愛情と優しい愛情、この両方が必要なのだと思います。また、子育ては無償の愛であって、損得を考えてはいけない。将来の自分への見返りを考えての愛では決してないと、私はかたく信じています。

●親は正師の教授・同行の教授・外護の教授

「成長していく過程において、親は正師《しょうし》の教授、同行《どうぎょう》の教授、外護《げご》の教授であらねばならない」

と説かれています。

正師とは正しい教え、法そのものです。まごころをこめて生きる生き方を教えることが、正師の教授です。

同行の教授とは、友だちです。一つの目的を持って実践してゆく友だち、友人です。

外護の教授というのは、バックアップしてくださる方、いつも見守っていてくれる人のことです。

親は、子どもに対して正師の教授であり、同行の教授であり、外護の教授であれ。この三つがいずれも必要だと思います。そして、絶えず子どもとともに切磋琢磨《せっさたくま》する。よき子どもにと思うならば、まず自分自身がよき親になることが大事です。子どもが不出来なのは、親の自分が不出来なのだと思わなければならないと、自戒しています。

（平成十三年五月二十五日の講演）

水から（自ら）学ぶ心は 水の如し

六月の旅は雨との出会いも多く、車窓から梅雨といえば雨だな、雨は水だと、考えていました。

さらに、地球は水の惑星であり、水のおかげで人の生命があるのだと思い、私たちはもっと水に学び、感謝しなければならないと気づいて、水の種々相を、即興の三十一文字《みそひともじ》に託してみました。

人は体内に水満ち満ちて生きる生物です

人間が「受精卵」という形で初めて地球上に姿を現わすとき、水の占める割合は九五パーセント。成人した人体の水分量は七〇パーセントといわれています。生きとし生けるものすべてに水があるのです。

水なくば　いのち保てる　ものぞなし
　雨の恵みの　尊かりけり

体内に　水満ち満ちて　生きるもの
　命の根源《もと》は　水にあるかも

地球の表面にも約七〇パーセントの水があるそうですが、海水が太陽の熱で温められ、蒸発して雲になるように、水は、温度という「縁《えん》」によって気体・液体・固体と形を変えます。人間もいろいろな出会いによって人格が変わります。よき人に出会えばよく染まり、悪しき人に出会えば悪く染まります。

縁により　水の様相《すがた》は　変化せり
　人の心に　相似つるかな

そして心というものは、自分にはなかなか見えないものでありましょう。水や鏡に映る顔や姿を通して、初めて見ることができるように思います。

透き通る　水に映りし　わが顔に

見えぬ心の　形相《すがた》顕る

自分がうれしいときには、うれしい顔が水鏡に映ります。嫉妬に燃えた心、あるいは怒りの心もそのように顔に表われるのではないか。ここに、心を実見することができるのではと、考えました。

●仏教の三法印も水に学ぶことができます

次に、仏教と水との関わりに思いを巡らしてみましょう。仏教が他の宗教と異なるゆえんを「三法印《さんぼういん》」といいますが、印とは教理を意味し、その三つは、「諸行無常《しょぎょうむじょう》印」「諸法無我《しょほうむが》印」「涅《ね》槃寂静《はんじゃくじょう》印」です。

諸行無常は、よく知られていますね。すべてのものは刻々と移り変わって、同じ状態は続きません。苦あれば楽あり、楽あれば苦ありと変わり、若く美しい娘さんも、故高田好胤《たかだこういん》管長がよくおっしゃっていたように「世の中は　娘が嫁と花咲いて　嬶《かか》と萎《しぼ》んで　婆《ばば》と散りゆく」です。川の水は、この時の流れと同じで、止まることを知りません。

谷川の　水の流れは　止まらず
常無き時の　過ぎ行くごとし

諸法無我は、大変難しい教理です。

一つの例でいうと、人間はよく「それでは私の立場が」とか「俺のメンツが」とか、自分を中心にして考えますが、この世にはそういうこだわったり、とらわれたりする実体としての「私」や「自我」は、本来ないのですよ、という教えです。

変化して　とらえ難きが　水の相
有りと思いし　自我もまた無し

三つめが涅槃寂静です。お釈迦さまは三十五歳で悟りを開かれ、ゆらぐろうそくの炎をフッと吹き消したように、心が静かなる状態にお入りになりました。水には絶えず水平になる性質があり、真っ平らで微動だにしない状態が涅槃寂静です。

平らなる　水の表は　静かなり
動かざること　涅槃のごとし

私はさらに仏法者の修行の六波羅蜜《ろくはらみつ》を水に重ねて詠み、目的に向かって努力する人生を、水の力に託して考えました。

今、地球という星に恵まれた水に、もっと感謝し、学ばねばと思っています。

（平成十三年六月二十六日の講演）

人間の幸福

（今回の講演において）演壇の中央に吉祥天《きちじょうてん》画像を安置しておりますが、毎年一月、奈良の古いお寺では、吉祥天をご本尊として、一年の国民の幸せ、国家の繁栄を願う「吉祥会《きちじょうえ》」（吉祥悔《け》過《か》）を営みます。

心から祈ることは大切です。ただ、私は、同時に自らが幸せになる努力をしなければならないと思います。

● お釈迦さまが『大吉祥経』で説かれた人間の幸福

お釈迦さまが祇園精舎《ぎおんしょうじゃ》におられたとき、「幸せになるためには、自分をどうみがいていったらいいか」という信徒からの問いにお答えになったお経があります。

増谷文雄《ますたにぶんゆう》先生のすばらしい訳で、ぜひご紹介したいと思います。

『大吉祥経』の中で、お釈迦さまはまず第一に、

「愚かなる者に親しみ近づかぬがよい。賢き人に親しみ近づくがよい。仕《つか》うるに価する人に仕うるがよい」

と、おっしゃっています。自らの人間形成を実現するためには、すばらしい人に接するほどの幸せはないのだよ……と。最高の人間に接すること自体が、自分を作り上げていくのです。

「よき環境に住まうがよい。つねに功徳を積まんことを思うがよい。また、自ら正しき誓願を立てるがよい。これが人間の最大の幸福である」

その当時のよき環境というのは、静かなところです。騒がしい場所よりは、静かなところにいたほうが、心の安らぎを得られるということです。

そして、功徳を積み、正しい誓願を立てる。自分が今、こうしてあることに対する多くの方々のおかげを思い、自分も他の人のために尽力したいと思う、人への救いのために働こうと誓う、それが幸せになるのだと、教えていらっしゃるのです。

また、「広く学び技芸を身につけるはよく」「よく父と母に仕うるはよく、妻や子をいつくしみ養うはよく」「布施《ふせ》をなし、戒律を保ち、結縁《けちえん》の人々を恵み助け、恥ずべきことを行わざるはよい」「他人を敬い、自らへりくだるはよく、足るを知って、恩をおもうはよく」など、「酒を飲まば程を過ごしてはならぬ」という一条も含めて、多くの幸せを得る術を具体的に教えていらっしゃいます。

さらに、

「よく自己を制し、清らかな行いをおさめ、四つのまこと（苦集滅道《くじゅうめつどう》）の道理をさとりて、ついに涅槃《ねはん》を実現することを得れば、人間の幸福はこれに勝《すぐ》るものはない」

「そのとき、人は毀誉褒貶《きよほうへん》に心をみだされることなく、得ると得ざるによりて心を動かされることもなく、愁《うれ》いもなく、忿《いか》りもなく、この上もなき安穏《あんのん》のなかにある。人間の幸福はこれに勝るものはない」

と、おさとしになっているのです。

日に三つの感謝、ありがたいことを発見する

人間の幸福を得る方法として、キリスト教の世界には、「count your blessing」、つまり与えら

れている恵みを見つけ、感謝する思想があるようです。

今年一月九日のある記事で、イタリア修道僧の話として、

「日に三つのことを感謝して日記をつけなさい」

ということを読みました。洗濯をしたらパリッとのりが利《き》いてきれいに仕上がった。ああ、いい気持ちだなあと、好天気に感謝し、ありがたい残影を日記に書いて、明くる日を迎えるのです。つまり、いい心の状態で眠りにつくといいのです。

私も記事を見てから実行しています。電車で思いがけず坐れた、ありがたかったというような小さなことでいいのです。

その「ありがたかった」と感謝できたこと、そこに幸福があるのです。したがって幸福は、メーテルリンクの青い鳥のように、探し求めて得られるのではなく、出会った「縁《えん》」を、いかに感謝で受けとめていくかです。

少しでも多くの感謝を発見してください。

（平成十四年一月二十八日の講演）

仏教の人間教育

最近、宗教がさまざまな意味で問題になり、戦争の原因ではないかと考えられている向きさえあります。これは大変な誤解です。

現在、日本の公立の学校では、「教育基本法」により宗教教育を行いませんが、私は、宗教のある程度のことは、ぜひ多くの方々に知識として知っておいてほしいと思います。

目に見えないところに働く大きな力に畏敬の念を抱くという教育は、きわめて大切だと思っています。

●いかに生きるかという教えが仏教

宗教には、確かに不可思議なことがいろいろあります。しかし仏教は、きちっとした合理的な精神を根本に持つ教えです。たとえば「池の中に石を放り込んで、石よ上がれ、石よ上がれと念じても、石は自然の法則に逆らって上がってはこない」ということを、お釈迦さまはおっしゃっています。

では、そういう仏教の特徴的な教えは何かというと、一つは「諸行無常《しょぎょうむじょう》」です。すべてのものは変化する。それを私たちがいかに受けとめていくか。

亡くなられた高田好胤《たかだこういん》管長は、よく「世の中は　娘が嫁と花咲いて　嬶《かか》と萎《しぼ》んで　婆《ばば》と散りゆく」と、おっしゃっていました。

森羅万象は、一刻たりとも同じ状態は続かないのです。いま隆盛を誇る人も企業も、いつまでもトップは持続できません。

そういう「諸行無常」を私たちがよく理解する。そして、昨日のことにこだわらず、明日に向かって、今日まさに、なすべきことに努力する、これが仏教の人間教育の特徴の一つです。

また、「一切皆苦《いっさいかいく》」、この世はすべて苦しみの世界だと見ていきます。その最たるものは、老・

病・死です。人は老いたくないけれども老い、病気にかかりたくないけれども病気になります。そして、死にたくないけれども死ななければならない。世の中というものは、思うようにいかないものです。

幸せそのもののような人にも、何かの苦しみはあり、その苦しみから脱却するのは、ひとえに気持ちの持ちようです。自分一人だけではなく、誰もがそうなのだ、「一切皆苦」なのだと思い定めれば、その苦しみから解放されます。

同時に、最愛の夫や子どもを亡くしたときなどは、誰が何と慰めようと心は癒されません。亡くなった人のよき想い出を胸に秘め、ひたすらじっと耐えるしかないのだと、私は思います。

傷を得たとき、傷をいじればいじるほど血が出ます。じっとこらえていれば、知らず知らずのうちに自然の治癒力でかさぶたが張って治ります。

心も同様に、辛いときをじっと耐えることで、強靱《きょうじん》な精神に作りあげられていきます。耐えることも人生だと、覚悟することもまた必要なのです。

同時に仏教は、さまざまな縁《えん》が和して事をなす「衆縁和合《しゅえんわごう》」、つまり縁をとても大事にします。「緑なす木々の姿も一粒の　種より育つ縁の数々」と、大きく繁茂《はんも》している木も、元は一粒の種です。それに太陽の光、水、肥やし、人の手といった多くが加わって見事な木になるように、人間もまた、天地自然の恵みを始め、いろいろな人のおかげで今日まで生かされているのです。お助けいただいている縁の不思議に感謝すると同時に、自分もまた他人の縁になっているのです。持ちつ持たれつ、相互依存です。

自分中心ではなく、多くのことに目を見開き、自分をみがき、いくつになっても日常生活の中に何かを求めて努力してください。

そして、できるだけ笑顔で暮らしてください。お坊さんの修行の最後は、自らの内容を充実させて、よい人相《にんそう》を作ることです。よかれ悪しかれ、万事を「ありがとうございます」という気持ちで受けとめていただくと、自然にお顔は円満相好《えんまんそうごう》になってまいります。

（平成十四年七月二十九日の講演）

神と仏を拝む日本人

――薬師寺の休ヶ丘八幡宮

薬師寺には、南大門の前に八幡《はちまん》さま（休《やすみ》ヶ《が》丘《おか》八幡宮《はちまんぐう》）があります。「神仏習合《しんぶつしゅうごう》」といいましょうか、昔から日本人は「神さま、仏さま、ご先祖さま」という形で信仰をしてきましたが、明治時代に神仏分離令で神道と仏教とは分けられてしまいました。

本来であれば薬師寺の八幡さまも神社庁管理になるところでしたが、私どもの場合は宗教法人八幡院という形で残したものですから、薬師寺の中で両方祀《まつ》られています。

私も毎朝仏さまにお参りをし、神さまにお参りをするということをしております。祝詞《のりと》もあげます。日本の坊さんで祝詞を暗唱している人は少ないと思います。

仏教を守護され、大菩薩になられた八幡神

九万年前と推定されているイラン北部のシャニダール遺跡の中に、ネアンデルタール人が死者に花を供えた跡が残っていたそうです。九万年前、すでに宗教的な儀礼が行われていたということですが、日本人は、古来、人間の魂のみならず、すべてのものに神が宿ると考えていました。自然崇拝ともいわれますが、風は風神、雷は雷神です。太陽神はもとより、山の神、海の神と、自然そのものに対する畏敬の念を持っていたわけです。

そういう精霊信仰、アニミズムが古代の宗教であり、私は、それは大事なことだと思います。今、自然をあまりにも破壊しすぎています。自然のおかげで私たちが生かされているのならば、空気には空気の神さまがあるという思いで改めて自然を見つめることで、幸せな共存ができると思うのです。

そして、人類が農耕を始めますと、稲の生育と実りの中に命の伝承を見るようになり、穀霊信仰や農耕信仰、稲の魂をも信仰するようになります。

そのうちに神さまは天にいらっしゃるということになり、山頂などの大きな岩、磐座《いわくら》、磐境《いわさか》といいますが、そこで神さまをお迎えして祀ります。

また、時代が下り、氏族ごとにそれぞれの氏を守ってくださる神さまができ、自然神から祖先神に変わったところに、西暦五三八年、百済《くだら》の聖明王《せいめいおう》から欽明《きんめい》天皇に仏像や経論が献じられました。

「是の法は、諸法の中に於《お》いて、最も殊勝なり、解《げ》し難《がた》く入り難し。周公《しゅうこう》、孔子も尚《なお》知ること能《あた》はず。此の法は、能《よ》く無量無辺の福徳果報を生じて、乃至《ないし》、無上菩提を成《じょう》し弁《たま》ふ」

（『日本書紀』）

と、仏教が入ってきます。仏教は哲学的な教えです。それは、これまでの日本の精神的土壌とは、まったく異質の文化が入ってきたと考えていいでしょう。

崇仏《すうぶつ》派の蘇我稲目《そがのいなめ》、蘇我馬子《うまこ》らと、廃仏派の物部尾輿《もののべのおこし》、物部守屋《もりや》らの間に論争や戦いまでがくり返された後、国が仏教を保護し活用する形で、奈良時代になると国家的受容がなされます。

天平勝宝四年（七五二年）、東大寺の大仏開眼《かいげん》の難事業には、八幡神は積極的に援助を申し出、「我天神地祇《われてんじんちぎ》を率《ひき》いて必ず成し奉らん。銅の湯を水と成し、我身を草木土に交えて障《さわ》る事無くなさん」と、神さまが仏法を守護してくださいます。一方では、神さまに菩薩の称号をつけることも行われ、八幡神は八幡大菩薩とも呼ばれるようになりました。

「休ヶ丘」の名は、あるとき、八幡さまが宇佐から薬師寺の真東の大安寺に勧請《かんじょう》されて旅をされた途中、薬師寺南の丘でちょっと休まれたからだとされ、そののちの寛平《かんぴょう》年中（八八九〜八九八年）に、薬師寺別当栄照《えいしょう》によって、改めて京都の石清水《いわしみず》八幡宮からご神体を分けていただいたようです。

ご神像は僧形《そうぎょう》八幡神像という珍しいお姿のものと、神功皇后《じんぐうこうごう》、中津姫《なかつひめ》の三神です。

日本人は、外国から多くを吸収し、それを日本的に熟成させて、優れた日本的展開をしてきました。その智恵を生かし、今こそ世界の人と人の違いを認めながら、うまく共存共栄していくような文化を発信していかなければと、考えています。

（平成十四年八月二十九日の講演）

四書五経に学ぶ

日本には、儒教という日本人の精神構造に大きな影響を与えた思想がありました。何千年と続いた教えには、人間が生きる上での美しい姿が示されていると思います。

戦後は儒教の中核となる「四《し》書《しょ》五《ご》経《きょう》」を学ぶ人も少なくなりましたが、最近その入門書的なものを読み、共鳴するところが多々ありました。

今回は、大変浅薄ではありますが、私が学んだ一端をお取り次ぎしたいと思います。

●「礼儀正しく美しく生きよう」と説く四書五経

一般に、四書五経とひとくくりで呼ばれますが、『大学』『論語』『孟子《もうし》』『中庸《ちゅうよう》』が四書であり、『易経《えききょう》』『書経』『詩経』『礼記《らいき》』『春秋《しゅんじゅう》』が五経です。

近年、これらの中国古典が話題になったのは、「平成」の元号が決まったときで、日本では昔から元号を四書五経から採ってきました。ちなみに平成とは『書経』などにある「地平天成」(地平らかに天成る)が原典とされます。また、歴史上で二百四十七ある元号のうち、最も多く原典となっているのが『書経』で、次が『易経』だそうです。

四書五経それぞれの性格や特徴を挙げてみましょう。

『大学』は、学問の基本を学ぶ書であり、「修身《しゅうしん》・斉家《せいか》・治国・平天下――自分自身を修めれば家が整い、家が整えば国が治まり、平和になる」という物事の道理を追求する道が説かれています。

『論語』は、聖人孔子の言行を弟子がまとめたもので、政治あるいは社会、家庭、教育の問題について、孔子の考えが分かりやすく示されています。

『孟子』は、孟子の教えを書いたもので、仁義礼智を徳目とする人間の性善説が説かれています。

『中庸』は、孔子の孫の子思《しし》が説いた中和の徳や、人の誠の心について記されています。

『易経』は、全宇宙の仕組みを理解すれば、未来の予言も可能になると、陰陽の二元をもって天地間の万象を解明しようとしたものです。

『書経』は、中国最古の史書で、歴史担当の役人が書いたものを孔子が編纂《へんさん》したといわれています。

『礼記』は、礼儀について、儒者が制度や風習の記録、理論を四十九編にまとめたものです。

『春秋』は、魯《ろ》の国の記録を孔子が整理した史書。左氏という人の注釈書、『春秋左氏伝』が有名です。

●人生の折節に生きる四書五経からの成語

四書五経からは、人口に膾炙《かいしゃ》しているたくさんの名文句が生まれていますが、「温故知新《おんこちしん》」（故《ふる》きを温《たず》ねて新しきを知る）は、中でもよく知られています。温という字には、ものを大切にするという意味があるようです。事に当たって、われわれ自身の経験だけで対処しようとするとなかなか大変です。過去の歴史に学び、そこから得た知識によって新しい現実に処していくことが大切でしょう。

「過《あやま》ちて則《すなわ》ち改むるに憚《はばか》ることなかれ」といいますが、先日、阪神の星野監督（当時）が、テレビのインタビューで「なぜ、そんなにどんどん勝つのですか」という質問に、こう答えていました。

「失敗したら、それを改めることに、選手は大変な努力をしている。過ちを一生懸命改善しようと、努力している。だから、今年は強いのだ」

と。

人間には誰しも過ちがあります。過ちを認めたときには、勇気をもって変えていく、潔《いさぎよ》くチェンジしていくことが大事です。

「過ぎたるは猶《なお》及ばざるがごとし」という『論語』の言葉をもじって、亡くなられた高田好胤《たかだこういん》管長は「過ぎたるは及ばざるより猶悪し」といっておられました。あまりにも放恣《ほうし》に流れている日本の現状を見るとき、よくこの言葉を思い出します。

「自分の欲せざる所、人に施すこと勿《なか》れ」の言葉も、人間として共通の、大切なものの考え方です。

（平成十五年七月二十八日の講演）

新年幸楽　萬事吉祥

元日（平成十六年の）に、中国の方から「新年快楽《しんねんかいらく》　萬事吉祥《ばんじきっしょう》」の年賀状をいただきました。その「快」を、歌会始《うたかいはじめ》のお題に合わせて「幸」に替えました。今年一年間、皆さまが幸せでありますように、すべてが吉になるようにとの願いをこめての演題です。

●革新の動きが始まり、新しい勢力が伸びる年

平成十六年は、十干十二支《じっかんじゅうにし》の「甲申《きのえさる》」に当たり、「甲」は、甲《よろい》をつけた草木の芽が殻《から》を破って

顔を出した象形文字です。したがって、大豆から芽が出るように、旧体制が破れて新芽が出てくる年ではないか。

また、申に人偏をつけると「伸」ですから、新勢力が伸びてゆく年になるのかとも思われます。それはどういう現象になるのか。いろいろなことが考えられると思いますが、一つはイラクへの自衛隊の派遣です。昭和二十年に戦争に敗れてからこの方、日本から武器を持って外地に出て行った歴史はありませんでした。それが今回破られたという事態でもあり、その影響は出てきましょう。

今年は激動の世かと思う一方、何らかの形で戦争を終結することを、一人一人が、わがこととして真剣に考えなければならないと思っています。

そして、今年は、薬師寺自身も新たな芽を出すときです。薬師寺はおかげさまで三十六年間、ひたすら白鳳《はくほう》伽藍《がらん》の復興に努めて参りました。なお伽藍整備は残っておりますが、今は、また違う新しい芽を出すべきときかと、私は考えております。

生前、故高田好胤《たかだこういん》管長がしておりました仕事の一つに、「日本まほろばの会」があります。まほろばとは、美しいところ、すばらしいところ、中心地の意味です。この会の意義を引き継ぎ、「薬師寺まほろば塾」の名称で、日本全国津々浦々に、本来、日本人が持っていた美しい心、豊かな精神性を取り戻す運動を展開したいと考えています。
今、あまりにも自己の権利の主張に傾きすぎ、あるいは親による子どもの虐待など、目をおおいたくなる事件が多発している日本の社会を、何とかして平和で、潤いのあるものにしたいと、新たな運動に渾身《こんしん》の努力を注ぐ計画を進めています。

お釈迦さまこそ最も幸せを願われた方

私は毎年、歌会始のお題で、一、二首詠《よ》むことを慣わしにしています。今年は『般若心経』の根幹の、広い広い空《くう》の心になることが幸せではないかと思い、次のように三十一文字にしました。

かたよらず　こだわらずして　とらわれぬ
広き心に　幸は宿れり

同時に、幸せは「仕合わせ」。人と人が仕《つか》え合い、敬い合うところに幸は訪れる、与えられた境遇に感謝するところに幸はあると、その心を詠みました。

感謝する　心によりて　苦しみも
悲しきことも　幸と変わらむ

人は、いつも幸せを求めて生きています。お釈迦さまご自身も生涯幸せを求めて歩まれました。

『大吉祥経』には、幸の究極をこう説かれています。

「よく自己を制し、清らかな行いをおさめ、四つのまこと（苦諦《くたい》・集諦《じったい》・滅諦《めったい》・道諦《どうたい》）の道理をさとりて、ついに涅槃《ねはん》を実現することを得れば、人間の幸福はこれに勝るものはない。そのとき、人は毀誉褒貶《きよほうへん》に心を乱されることもなく、得ると得ざるとによって心を動かされることもなく、愁《うれ》いも忿《いか》りもなく、この上なき安穏《あんのん》の中にある。人間の幸福はこれに勝るものはない」

人間の心の豊かさが、最終的には幸せをもたらすのです。

苦を得たときに、その苦しみをいかに楽に転換するかが肝要です。気持ちの切り替えです。チェンジ・オブ・マインドで耐え難い憎しみすら乗り越えてゆくことが、幸せの秘訣《ひけつ》ではないかと思います。

（平成十六年一月二十六日の講演）

悔過なきを悔過す

三月三十日から、薬師寺では、「花会式《はなえしき》」の名で親しまれている修二会《しゅにえ》＝薬師悔過《けか》法要を営みます。東大寺の「お水取り」も十一面観音悔過法要ですし、奈良の寺々では悔過（懺悔《さんげ》）の法要をよくします。

これはもともとは、お釈迦さまの時代、毎月一日と十五日にお弟子さんたちが一堂に集まり、半月の間に自分が犯した過ちを省《かえり》み、あるいは自分では気がつかなかったことを他人から注意を受けて反省する、「布薩《ふさつ》」が行われていたことに由来しています。

そのように、自分の行為や生き方を見つめて軌道修正をするのが悔過であり、これは人間関係を円滑に営む上で、きわめて大切なことであると考えます。

自分を見つめ、悔過から感謝と幸せの発見へ

花会式には、堂司《どうつかさ》という人が読む『修二月薬師悔過縁起《しゅにがつやくしけかえんぎ》』が伝えられています。行事の縁起を語る美しい文章ですので、最初のくだりを記します。

「夫《そ》れ以《おもんみ》れば覚月光《かくげつひかり》朗《ほがらか》にして、遥《はるか》に昏衢《こんぐ》の暗《やみ》を照らし、法水流清《ほっすいながれきよ》くして、遠《とお》く惑業《わくごう》の泥《でい》を洗《そそ》ぐ。抑《そもそも》、我等身《われらみ》を法器《ほうき》に受《う》けたれども、戒珠塵深《かいしゅちりふか》く、衣《ころも》を緇服《しふく》に染《そ》めたれども、慚愧《ざんき》の色《いろ》浅《あさ》し。爰《ここ》に時《とき》、澆季《ぎょうき》に及《およ》んで、世上《せじょう》の平《たいら》なる事《こと》を祈《いの》る可《べ》し。若《も》し謹厚《きんこう》の勤《つとめ》無《な》くんば、寧《むし》ろ罪《ざい》相《そう》を消《け》さんや。而《しか》るに当寺《とうじ》は医王利生《いおうりしょう》之《の》砌《みぎり》、尤《もっと》も帰仔《きよ》するに足《た》れり。霊験掲焉《れいげんけつえん》の処《ところ》、寔《まこと》に我朝《わがちょう》に秀《ひい》でたり。仍《よっ》て中春初日《ちゅうしゅんしょにち》を点《てん》じて如法《にょほう》の行《ぎょう》を企《くわだ》つ。即《すなわ》ち嘉承二年丁亥二月一日《かじょうにねんひのといにがついちじつ》より初《はじ》めて七箇日夜之《しちかにちやこれ》を修《しゅ》す」

嘉承二年は西暦一一〇七年にあたりますが、その時代において既に澆季《ぎょうき》、つまり人情が薄く風俗が乱れている。だから僧自らが一生懸命に行をしなかったら、どうして世の罪を消すことができよう。そして平和を祈るのだと記されているのです。

人間というのはエゴの塊ですから、なかなか浄化できません。けれども懺悔の心を起こせば、

もはや罪は罪でなくなります。懺悔の心がなければ、罪は永久に罪として、その人を咎《とが》めます。心から懺悔の心を起こしたとき、その人は変わっていく。悔過から感謝する心が生まれるというのです。

●無関心であること自体が罪ではないか

（平成十六年の）二月二十八日に、北海道の塩狩峠に行ってきました。明治四十二年二月二十八日、長野政雄さんという鉄道職員で敬虔《けいけん》なクリスチャンの青年が、急坂を逆行する客車の脱線転覆を止めようと、自らの体をくさびとし、命を捨てて二十七人の乗客の命を救った現場です。

三浦綾子さんの小説『塩狩峠』を読んで感動し、一度はその場に立ちたいと念願していた場所です。そこで夜八時、二百人ほどが集まり、キリスト教らしいアイスキャンドルサービスというミサが行われました。信仰に熱心な方々の純粋な姿に敬服し、また、三浦綾子記念文学館で夫君の光世さんにお会いしました。難病の綾子さんを終生渾身《こんしん》の力で支えられた上で、「自分は悪い夫だった」とおっしゃる姿に打たれ、頭を深く垂れて帰ってきました。

人は、喉元《のどもと》過ぎれば熱さを忘れます。日本はいま、非常に恵まれていますが、戦後の荒廃の時代、国民はユニセフをはじめ、多くの機関の援助を受けて生きてこられたのです。ならば、今、医療、食料品があれば生きられる者が生きられずにいる国々が数多くあるという状況下において、われわれはかつて受けた恩恵のお返しをすべきではないか。

無関心であること自体が罪なのではないかと、私は思います。「悔過なきを悔過す」、悔過しない自分をまた悔過するという言葉を、あえて演題にしました。

自分を見つめると同時に、幸せに感謝する心を忘れてはならない。幸せだから感謝するのではなく、感謝するところに幸せが生ずるのです。

（平成十六年三月二十九日の講演）

母親の愛

このところ、親が子どもを虐待《ぎゃくたい》する、あるいは子どもを殺すという事件が続き、これは動物の親子関係にも見られない現象であると、大きな社会問題になっています。動物でさえ、危険に際しては、命がけで子どもを守るのが親の本能です。

それなのに、なぜ、今の日本にこういう事件が起きるのか。いろいろな原因が考えられましょうが、私は、戦後の日本人があまりにも利便性を追い求めた結果、子育てまでも便利にしたいと考えるようになった。また、個室とテレビが家庭に入りこんだ結果、家庭から「家族団欒《だんらん》」という言葉が消え、家族が一つの場所で語り合う心の庭がなくなったことに、大きな原因があると考えます。

昭和初期の思想に影響を与えた安岡正篤《やすおかまさひろ》先生が、「父母の憲章」という七カ条を書いておられます。

その第一に、父母は子どもから敬愛される存在でなければならない、その資質があるかと厳しく問いかけ、第二に家庭とは人間教育の素地である、学校に入る前に、家庭で子どもの正しい特性とよき習慣を養わなければならないとしているのです。

このようなことを考えながら、「母の日」の五月、私自身の母のことを少しお話ししたいと思います。

命がけで産んでくれた母と、育ててくれた母

私は昭和十三年二月九日に、一つ上の兄に続けて生まれました。体の弱い母でしたが、私を産んでからはいっそう体力を消耗して、ほとんど寝たきりになったようです。母乳を与えることもできず、将来を案じたのか、五月の終わりごろ私を背負い、蒼白い顔で実家に帰り、「子どもを頼む、子どもを頼む」といって、安田の家に戻ったそうです。そして七月に亡くなりました。

母の実家で親族会議が開かれ、「子どもを頼むといった民子の声が耳から離れない」という長

兄の願いを聞いて、一番下の妹が苦労を承知で後添いに入ってくれました。

小さいときの私はそういうことは知りませんでしたが、成長するにしたがって、いとこたちからそのような話を聞き、家に帰って尋ねると、皆が「違う、ほんまのお母さんや」と否定する日が続きました。

一方、父は「必ず帰ってくる」といって、西部ニューギニアへ出征しました。やがて十九年十二月十一日付で戦死の知らせが入り、遺骨箱も届きましたが、中は空《から》でした。戦後二、三年して「私が安田さんを埋めました」という戦友の方が訪ねて来られ、それでも信じられないというのが家族の気持ちでした。

昭和五十八年、お元気だった故高田好胤《たかだこういん》管長とともに、父の眠る西部ニューギニアのマノクワリで、戦跡慰霊法要を営む機会に恵まれました。

そのときに母も一緒にと誘いましたが、「手紙を書くから埋めてきてほしい」という返事でした。

法要が済み、いざ埋めようとしたとき、好胤管長から「読んであげたら」と勧《すす》められて、母の代読をしました。長い手紙の最後にこうありました。

「ご安心下さい。あなた様と亡き姉よりおあずかり致しました二人の息子は、誰にも恥じない立派な人間として成長してくれました。ご報告できる最も嬉しいことです」

口ではタブーとして出さなかった親子の関係が、「おあずかりした」という言葉で初めて綴《つづ》られていました。あずかりものとして大事に大事に育ててくれた母の心を思い、滂沱《ぼうだ》の涙がこぼれました。

大雪の日に登校が嫌だと泣いている私を、有無をいわさずに背負って、長靴で学校まで連れていってくれた母であり、早朝から深夜まで、三度の食事づくり、掃除、洗濯と働きづめの母でした。

命に代えて私を産んでくれた母と、命がけで育ててくれた今の母に対する深い、深い感謝の念が、私にとって何ものにも勝る大事な宝ものです。

（平成十六年五月三十一日の講演）

日本の国号誕生と薬師寺建立

薬師寺の建立《こんりゅう》の発願《ほつがん》は、西暦六八〇年十一月十二日、天武《てんむ》天皇が、病気になられた皇后《こうごう》（後の持統《じとう》天皇）のために建立の誓願を立てられたことが、『日本書紀』にあります。

また、薬師寺の東塔のてっぺんの「擦銘《さつめい》」にも刻まれています。

家庭でみ仏を拝むことを勅願された天武天皇

薬師寺建立の目的はこのように明らかなのですが、実は、それだけではありません。日本に仏教が広まったのは聖徳太子の頃と考えられていますが、仏教精神がさらにいっそう政治に組み入れられたのは、この天武・持統天皇のあたりからでしょう。

六八五年三月二十七日には、「国々で、家ごとに仏舎《ぶっしゃ》をつくり、仏像と経典を置いて礼拝供養《らいはいくよう》せよ」ということを、天武天皇は詔《みことのり》されています。現在、日本の家庭の中に仏壇があるのは、まさしく天武天皇のご詔勅《しょうちょく》によるものでありましょう。

また、伊勢神宮では、二十年に一度の式年造営が行われます。これも『神宮史』によれば、天武天皇のご詔勅によるということになっています。神さま、仏さま、ご先祖さまに対する信仰を日本の国民の中に植えつけて国づくりをしようとされたのが、天武天皇ではないのかと、思うのです。

日出ずる国、日本と、東方浄瑠璃浄土の建設

その昔、「倭《やまと》」と名乗っていたわが国を、「日本」と改めたのは、いつの頃なのか……、日本の史書には、はっきりとした記録がありません。

中国の記録によれば、日本人が中国に行って初めて「日本」という言葉を使ったのは、七〇二年です。

粟田真人《あわたのまひと》という遣唐使首席が、中国楚州《そしゅう》塩城県の海岸に着いたときに、役人にどこから来た

のかと聞かれて、「日本国の使い」と答えたのが、日本という国号を正式に中国に伝えた最初です。

どうも、「倭」を改めて日本としたのは、六七四年以降だという説が濃厚ですが、この年あたりから七〇一年ごろまでの間に、「日本」が国号として使われるようになったと思います。

中国の歴史書である『旧唐書』には、次のように書かれています。「日本国は倭国の別種なり。その国、日辺（日の出《い》ずる辺）にあるを以《も》って、故に日本を以って名と為《な》す」と……。「倭国自らその名の雅《みやび》ならざるを悪《い》み、改めて日本と為す」ともいっていますが、確かに、「倭」の語には、「はるかに遠い」「従順である」「背が低い」という意味があるそうです。ただし、国号を「日本」と改称した背後には、もっと別の思い――つまり倭朝廷のおおもと天照大神《あまてらすおおみかみ》を太陽のような存在と見、天皇を「高照らす日の皇子《みこ》」「天つ日嗣《ひつぎ》」と見る思想を高揚する意図があったように思います。

また、中国に比すれば東の、日出ずる国であるがゆえに、天武・持統期の人々は、国号に「日」を入れたかったのでしょう。

さらに少々うがった見方をすれば、かつての遣唐使の国書に「日出づる処の天子、書を日没する処の天子に致す」とあったように、「日本は中国に対して東方にある」ということから敷衍《ふえん》して、「お薬師さまが治められる東方浄瑠璃浄土《じょうるりじょうど》だ」という仏教的世界観が働いていたかもしれないと思います。

日の本の国の建設は浄瑠璃浄土の建設であるという思いがあり、いってみれば中国に対して、「日本は東方浄土だ、対等の国だ」という意識があったのではないでしょうか。そうすると、薬師寺の建立は、そのビジョンの一翼を担《にな》ったことになります。

日本人は、昔から先進国に命がけで出かけていって学びます。そのとき、心のよりどころとしてかざした「日本」という国号の由来を、薬師寺建立との関わりで「我田《がでん》（寺）引水《いんすい》」しつつ考えてみました。

（平成十七年九月二十六日の講演）

母のこころ

「母の日」がある五月、亡くなられた高田好胤《たかだこういん》管長は、毎年『父母恩重経《ぶもおんじゅうきょう》』を皆さんと一緒に読誦《どくじゅ》して、父、母の恩に心から感謝する……というお話をしておられました。

最近は、その当時よりもまたいっそう、親子の関係がギクシャクしているように思われます。

今回は、世の姿を思い、私の母を思い、私なりの母への感謝の念の一端を綴《つづ》りたいと思います。

● 父母の恩重きこと天の極まり無きが如し

本来、母親は、自分の食べるものも犠牲にして、子育てに専念するのが自然の本能です。そこでお釈迦さまは『父母恩重経』をお説きになって、親、特に母親の十種の大恩を端的に述べられました。

一、**懐胎守護《かいたいしゅご》の恩**　妊娠中の心遣いに対する恩
二、**臨生受苦《りんしょうじゅく》の恩**　出産時の痛みに対する恩
三、**生子忘憂《しょうしぼうゆう》の恩**　誕生を喜んでくださった恩
四、**乳哺養育《にゅうほよういく》の恩**　母乳を与えてくださった恩
五、**廻乾就湿《かいかんじゅしつ》の恩**　寝小便でお世話をかけた恩
六、**洗灌不浄《せんかんふじょう》の恩**　おむつを洗ってもらった恩
七、**嚥苦吐甘《えんくとかん》の恩**　心して食事をくださった恩
八、**為造悪業《いぞうあくごう》の恩**　子ゆえに悪事をなさった恩
九、**遠行憶念《おんぎょうおくねん》の恩**　遠くから案じてくださる恩
十、**究竟憐愍《くきょうれんみん》の恩**　死後も見守ってくださる恩

子どものない方はあっても、親のない人はいません。その親、とりわけ母親のこころは、韓国の女性作家・車潤順《チャユンスン》さんが、母の日によせて『クリスチャン新聞』のコラムに投稿しておられたように、家族のために生き、家族に与えること、家族が高められることを喜び、家族を守るため

に喜んで自分を捨てられるというものでありましょう。

ただし、近年、韓国でも家族よりは自分のために生き、自分を守るために家族を捨てる女性が出てきているとも、車さんは書いておられました。

お母さんが歌ってきたのが子守歌です。静岡県立大学の高木桂蔵先生が『産経新聞』の「唄いつぐ」に書かれた記事から同社に調べてもらった戦前の子守歌に、次の数え歌（唱歌）がありました。

一つとや　人々忠義を第一に
　仰げや高き君の恩国の恩
二つとや　二人の親御を大切に
　思えや深き父の愛母の愛
三つとや　幹は一つの枝と枝
　仲良く暮らせよ兄弟姉妹　（後略）

高木先生によれば、子守歌を聞いて育った人は礼儀正しいというデータが出ているとか。歌に託された母のこころは、いつの間にか血肉となって子どもにインプットされるものと、私は思っています。

●私の母の葬儀で、兄が「日本一の母」と挨拶

手前味噌《みそ》な話になりますが、私の実母は、私を生んで程なく亡くなりました。母の妹が後添いに来てくれましたが、父は戦死いたしました。

育ての母は、兄と私と妹（実子）を育てながら一人二役をしなければならず、優しいだけではなく、むしろ強い母の面影が今も脳裡《のうり》にあります。

その母の涙を一度だけ見たことがあります。私が薬師寺へ小僧に来ましたのは十二歳。中学一年で、私は母の手の届かないところに行ったわけです。年に一回だけ、着物を取り替えに来てくれていましたが、西ノ京の駅まで送っていったときに、電車が出るやいなや、袖《そで》で涙を拭《ぬぐ》っていた姿が忘れられません。私を不憫《ふびん》に思い、案じてくれていたのでしょう。

昨年十月の葬儀のときに挨拶をした兄は、「日本一の母」という表現で感謝の意を漏らしておりました。

母の一生は苦労の連続でしたが、その苦労が子どもから「日本一」と呼ばれる幸せにつながったのかと、胸に熱く迫り来るものがありました。

（平成十八年五月二十七日の講演）

第二章

仏道を歩む

玄奘三蔵伝

奈良のお寺では月ごとにいろいろな行事が営まれますが、薬師寺では、修正会《しゅしょうえ》、修二会《しゅにえ》（花《はな》会式《えしき》）に続いて、五月四日・五日の両日は、玄奘三蔵院《げんじょうさんぞういん》において玄奘三蔵さまのご顕彰のおまつりをさせていただいております。

不東のご精神で、インドへ求法の旅

玄奘三蔵は、西暦六〇二年（または六〇〇年）に、中国の河南省でお生まれになりました。

十一歳でお父さまを亡くされ、お兄さまのいる洛陽の浄土寺に入られ、本来、僧侶の試験を受けるには十四歳に達していなければならないのですが、ご器量に将来性を見た試験官の計らいで十三歳で試験を受け、得度されます。習うことのすべてを理解してめきめきと頭角を現わし、六二二年には四川省の成都で具足戒《ぐそくかい》を受けられました。

　この時代の仏教は、「一切衆生悉有仏性《いっさいしゅじょうしつうぶっしょう》」、どんな人の心の中にもすばらしい仏さまの性質がある、だから救われますよ、という『涅槃経《ねはんぎょう》』の教えが主流でありました、しかし一方では、人間の心の中には、仏性の「真」と、そうではない「妄」があるのだという『摂大乗論《しょうだいじょうろん》』もあり、同じお釈迦さまの教えでありながらどこか違うと、玄奘三蔵は『摂大乗論』の根底にある「唯識《ゆいしき》」を研究したいと思われます。そして、思いがつのり、六二九年（諸説あり）と伝えられますが、インドのナーランダにおられた戒賢論師《かいけんろんじ》のもとへ、出国禁止の国禁を犯して、ひそかに旅立たれました。

　苦難を極めた旅の模様は、後世『西遊記』の底本になった『大唐西域記《だいとうさいいきき》』や、『慈恩寺《じおんじ》三蔵法師伝』からうかがい知ることができます。

　玉門関《ぎょくもんかん》を過ぎた砂漠では水がなくなりますが、目的を達成するまでは東（長安）に足を向けないと「不東《ふとう》」を誓って出たためにそのまま進み、連れていたやせ馬がオアシスを知っていたので危うく死を免れるといったこともありました。

高昌国《こうしょうこく》では、玄奘三蔵の人物にほれこんで兄弟の契《ちぎ》りを結んだ王の手厚い歓待を受け、旅費や旅の先々の国王への紹介状を与えられます。

そして天山山脈のベダル峠を越えて、六三一年にナーランダに着きました。そこで約五年間勉強され、当時一万人近い僧侶がいた中の十指に入るほどの学才を発揮したと伝えられます。

●一千三百三十五巻の経典を翻訳

ご帰国までの詳細は語り尽くせませんが、六四五年、長安に帰着し、時の太宗皇帝の信頼を得て経典の翻訳に取り組まれます。

初期のうちに求法《ぐほう》の旅の眼目であった『瑜伽師地論《ゆがしじろん》』百巻を訳され、また、『唯識三十論頌《ゆいしきさんじゅうろんじゅ》』

玄奘三蔵像
（薬師寺・玄奘三蔵院／写真提供：薬師寺）

をわずか一日で訳しておられます。このお経は、今も薬師寺で、毎朝仏さまに上げているお経です。

晩年の六五九年には、法相宗《ほっそうしゅう》のベースの経典となっている『成唯識論《じょうゆいしきろん》』十巻を訳されましたが、そのときに、かたわらで玄奘三蔵の翻訳を筆写したのが、のちの慈恩大師と呼ばれるお弟子さんの基《き》さんであり、このお方が法相宗を開かれました。

六六〇年からは、三年十カ月がかりで膨大な『大般若波羅蜜多経《だいはんにゃはらみたきょう》』六百巻を翻訳されます。

玄奘三蔵ご自身は、命がけでインドに行かれ、帰国後は命がけで翻訳されました。もちろん皇帝の庇護《ひご》や神仏のおかげ、多くのお弟子さんたちの協力をいただきながら、すばらしいお仕事をされたわけですが、その根底には、何がなんでもお釈迦さまの教えを正しく求め、混乱の中の人々の心を救いたいという深い情熱と、愛情がありました。

私もまたその深い慈悲のお心を汲《く》みとり学びつつ、修行の道を歩みたいと願っております。

（平成十年四月二十七日の講演）

行基菩薩の生き方に学ぶ

今年（平成十年）は、行基《ぎょうき》菩薩《ぼさつ》の千二百五十回忌にあたり、十一月六・七日と奈良・東大寺で大がかりな法要が営まれ、私も参加いたします。

行基菩薩が、生涯にわたり多くの社会事業をされた方であることは、皆さまもご存じと思いますが、私もこのたびの機会に少々勉強いたしました。今回はその業績の一端をお話ししたいと思います。

●大衆の中に入り伝道したスケールの大きさ

まず、そのお人柄や事蹟のあらましを、『続日本紀《しょくにほんぎ》』の現代文訳（講談社学術文庫　宇治谷孟訳）からしのばせていただきましょう。

天平勝宝《てんぴょうしょうほう》元年（七四九）二月二日の条《くだり》です。

「大僧正の行基和尚が遷化《せんげ》した。和尚は薬師寺の僧である。俗姓は高志《こし》氏で和泉《いずみ》国のひとであった。和尚は性質が純粋で、すぐれた生まれつきの才能をもち、人の手本となる徳風がはやくからあらわれていた。はじめ出家した時、瑜伽唯識論《ゆがゆいしきろん》を読んで即座にその意味を理解した。はやくから都や田舎をあまねく廻って、多くの人々を教化した。僧侶や俗人の多くの人々が、教化を慕ってつき従い、どうかすると千人単位で数える程であった。行く先々で和尚の来るのを聞くと、巷にいる人がなくなる程で、争い集ってきて礼拝した。行基はそれらの人々を才能に応じて指導し、すべて善に向かわせた。またみずから弟子たちを率いて、諸所の要害の地に橋を造り堤防を築いた。和尚の評判が伝わっている処の人々は、すべてやってきて仕事に協力したので、日ならずして完成した。人民は今に至るまでその利益を蒙っている。

豊桜彦天皇《とよさくらひこのすめらみこと》（聖武《しょうむ》）は、行基を大変敬い重んじられた。詔《みことのり》をして大僧正の位を授け、供養のために四百人の出家をさせた。和尚は事ごとに不思議な異変や霊験を多くあらわしたので、時の人は行基菩薩と号した（後略）」

行基菩薩のご両親は渡来人で、百済《くだら》の人。お父さまは高志才智という方です。そして飛鳥の法興寺で出家されてから、薬師寺に移られたようです。

また法相宗《ほっそうしゅう》の基本の教えは瑜伽唯識論ですが、これは玄奘三蔵がインドまで求めて行かれた経典です。その教えを最初に日本に伝えたのが、玄奘三蔵から直接学んだ道昭《どうしょう》菩薩です。行基菩薩は道昭菩薩の直弟子です。

では、今、私たちは行基菩薩から何を学べばよいのか。私はその一つは、社会との関わりようだと考えます。

行基菩薩は農業関係では池十五カ所、溝七カ所、堀四カ所、樋三カ所、交通関係では道を一カ所、橋六カ所、船着き場が二カ所、布施屋九カ所、僧院を四十九カ所、墓地二十カ所を造っておられます。

それまでの仏教の世界は、寺院内で勉強する僧侶だけのものでありました。行基菩薩はそれを大衆教化と申しましょうか、仏教の土着化に真に力を尽くされた方だと思います。

さらに聖武天皇の要請により、東大寺の建立にも尽力されました。行基菩薩がおられなかったら、完成はかなり遅れたことでしょう。

その時代に必要なもの、人々がニーズとするものを造っていかれた視点の確かさとともに、生涯をただひたすら人間の救済のために貫かれた精神にも、学ばせていただきたいと思っております。

もし現在生きておられれば、地球規模で世界を駆け巡られ、難民救済のような仕事をされたのではないかと思います。

スケールの大きさ、卓抜したアイデア、新鮮さ、カリスマ性。

同時に、

山どりの　ほろほろとなく　こえ聞けば
父かと思う　母かと思う

と歌われたような人間的な優しさが、私にとっては魅力です。

（平成十年十一月二日の講演）

悪魔との闘い

お釈迦さまは、インドのカピラ国の王子としてお生まれになりましたが、若いときから物事を深くお考えになる方だったようです。

たとえばお城の東・南・西・北の門からお出かけになったとき、それぞれの門で老人、病人、死者、出家行者に出会われますが、老病死を嫌悪するご自身の心に対して嫌悪感をお持ちになりました。そして出家行者の姿にすがすがしい美しさをお感じになり、人々を救うために自らも出家しようと決心されます。

今回は、お釈迦さまが父王の反対を押しきり、最愛の妻子の歎きを振りきってお城を出られ、

「苦行」から悟りを開かれるまでの、いろいろな心の葛藤《かっとう》を、悪魔との闘いと見なしてのお話です。

悪魔の囁きに負けない、生活と心と智恵を

苦行で一番辛いのは、やはり断食《だんじき》です。毎日三度の食事を一食にし、二日に一食、三日に一食……三十日に一食、ついには三十日に粟《あわ》一粒だけという極端な断食行で、体がやせ衰えます。

お釈迦さまはそういう極限の行をなさいましたが、それでも心の満足を得られないので、こういう苦行は意味がないのでは、と迷われます。「やめようかな」という心の迷いが、悪魔の囁《ささや》きになります。

「あなたはやせていて、顔色も悪い。あなたの死が近づいた。君よ、生きよ。生きたほうがよい。命があってこそ善行をなすことができるのだ。苦行に身をやつれさせたところで何になろうか」

と、苦行をやめろ、やめろと悪魔が囁きます。

そこでお釈迦さまは、こうお答えになります。

「私には信念があり、努力があり、智恵がある。このように専心している私に、汝はどうし

て生命を保つことを尋ねるのか。肉が落ちると、心はますます澄んでくる。わが念《おも》いを智恵と統一した心はますます安立するに至る。私はこのように安住して苦痛を受け、わが心はもろもろの欲望にひかれることがない。見よ、心身の清らかなことを」

確かに食べる物を断ちますと欲望がなくなり、心が澄んできます。悪魔の誘惑には負けないと苦行をお続けになりますが、もはや極限状態です。恐らく意識ももうろうとなり、これ以上続けると死に至るというギリギリのところで、村娘スジャーターの乳粥《ちちがゆ》の供養を受け、生へと向かわれました。

お釈迦さま苦行像
（パキスタン・ラホール博物館）

苦行をやめ、動物性たんぱく質の乳を召し上がったことを、一緒に行をしていた人は堕落であるとそしり、去りました。しかしお釈迦さまは苦行を捨てたのではなく、卒業され、悟られたのです、苦行には苦行の意義があり、やはりある境地に達するまで、行は大事であると思います。

弦楽器の張りが強すぎても緩すぎてもよい音色は出ないように、極端な快楽も苦行も人の本当の幸せにはならないのです。そこで生活を正し（戒《かい》）、心を落ち着け（定《じょう》）、智恵を磨くこと（慧《え》）の大事さに気づかれました。しかもこの三つはバラバラのものではなく、互いにミックスしているものと考えます。つまり、正しい生活をするうちに心は落ち着き、智恵も磨かれ、それがまた感情や欲望に流されない正しい生活になるというのです。

お釈迦さまが悟りを開かれて後の四十五年間のお説法は、「無執着」ということに尽きています。何物にもとらわれないことをお説きになりました。

しかしお釈迦さまに執着や悩みがなかったわけではなく、生涯を通じて悪魔の囁きと闘いつつ、悟りを求めていかれた行者であられたと思います。

そして今、現代に生きる私自身は、己の欲望に執着するとらわれではなく、より大きく人さまの幸せを願う、社会的な平和を願うといった大きな目的にとらわれる、そこに美しい人間の生きがいがあるのではないかと考えております。

（平成十年十二月二日の講演）

六根清浄

毎年奈良の薬師寺では、七月の末から八月の初めにかけての土曜・日曜に、修験道《しゅげんどう》の霊場として知られる大峰《おおみね》に登拝する行を行います。

そのときに

「六根《ろっこん》清浄《しょうじょう》　懺悔《さんげ》　懺悔」

と唱えながら登りますが、では、「六根清浄」とは何でしょう。

●心を清め、自らの仏心を開顕する

よく、「五官《ごかん》」といいます。私たち人間は五官、つまりは眼《げん》・耳《に》・鼻《び》・舌《ぜつ》・身《しん》の五つの感覚器官を通して、さまざまなものごとを知ることができます。また、その奥底には心があり、私たちは心があるからこそ、ものを判断することができるわけです。

「六根清浄」の六根とは、この眼（視覚）・耳（聴覚）・鼻（嗅覚）・舌（味覚）・身（触覚）の感覚器官に、認識する心を加えた六つを指します、

同時にまた仏教では、「清浄心是仏教」——清浄な心を保つことがすなわち仏さまの教えなのだというういい方もします。

人間が生来宿している多くの欲望によって生じた罪や汚れを清めるために、高山に登って山の霊気に触れたり、清水を浴びたり、もちろんお経を読誦《どくじゅ》したりする。こうした五官を通しての行為によって心を清めようというのが、簡単にいいますと「六根清浄」ということです。

春日大社の葉室頼昭《はむろよりあき》宮司さんが書かれた『神道の心』を読んでいますと、お祓《はら》いをして罪や穢《けが》れを取り去るとは、罪や穢れを払うのではなく、私たちの体の中に宿っておられる神さまが、風呂敷のようなもので包まれてしまい、見えなくなったものを、顕《あき》らかにするということだそうです。

「けがれ」とは、神さまからいただいた生命力、エネルギーが弱まり、気が枯れることで、そ

の枯らすものを払うのが、「祓い」だそうです。そして要するに、それは、「我欲を払うのだ」といわれるのです。仏教と同じではないかと思いました。

仏教では、私たち人間の心の中には、どんな人にも美しい仏さまの性質があると、「一切衆生《いっさいしゅじょう》悉有仏性《しつうぶっしょう》」を説いています。それを欲望を払って得るのではなく、自分の修行の努力で中から切り開く、開顕《かいけん》するのだというのです。

阿弥陀さまなどのお力を借りてお救いいただくという考え方もありますが、私は両方ともに必要だと思います。

本来の自分を知ることの難しさ

人間は五欲、つまり五官を通して色欲、財欲などの満足を求め、そこに幸福があると思っていますが、十一世紀に中国で書かれたお釈迦さまの言葉の解説書『釈氏要覧《しゃくししょうらん》』には、五欲について次のようにあります。

「衆生は、常に五欲のために悩まされ、しかも求めてやまず、まさに大坑《だいきょう》に堕ちんとす、これを得てはうたた劇《はげ》しく、火の皮癬《ひせん》をあぶるが如し」

要は、人は五欲に悩まされながら、皮膚病を火にあぶればよけいかゆくなるように、得れば得るほど欲しくなるものだというのです。

さらにはまた、われわれ人間の根本には、末那識《まなしき》（マナス）という自分本位、自己中心の考え方・欲望があり、これはたとえ五官が眠っているときですら、ひたすら起きて働いています。万事において自分を中心に考えること。これが仏性を開顕する上で一番障害となるものです。

では、どうすれば清浄にすることができるのかといいますと、答えの一つは布施《ふせ》の実践の中にあります。布施は、人の幸せを願う活動です。自己中心の考え方を持ちながらも、体を通して利他の行をするのです。すると、徐々にではありましょうが、人の喜ぶ姿を見ているうちに、自分が浄化されていくのではないかと思うのです。

（平成十一年七月十四日の講演）

玄奘三蔵のガンダーラを旅して

この夏（平成十一年）、奈良県シルクロード財団主催の「玄奘《げんじょう》三蔵《さんぞう》の道を歩む旅」の同行講師として、パキスタンへ行ってまいりました。

玄奘三蔵は七世紀の昔、中央アジアからアフガニスタンを通り、パキスタンへ降りて、はるばるインドまで求法の旅をなさいました。この旅はそれを追体験するのが目的で、来年はインドへまいります。

パキスタン北東地域、首都イスラマバードと、ラワルピンディ、ペシャワール間の地域は「ガンダーラ」と呼ばれ、宗教的には大乗仏教の故郷であり、初めて仏像を生み出した地でもあります。

ただし、現在は国民の九七パーセントがイスラム教徒で、国名もイスラム教徒の「パク（清らか）、イ（〜の）、スタン（国）」に由来します。

このたびの旅にちなんで、お釈迦さまのお涅槃《ねはん》後、仏教がいろいろに分かれて大乗仏教が生まれるまでの、きわめて大づかみな歴史をお話ししたいと思います。

五百人のお弟子さんの結集によるお経の成立

お釈迦さまが八十歳でお涅槃にお入りになってしばらくすると、ご在世中はともに修行し、教えにしたがって生活していたお弟子さんたちの間に、意見の食い違いなどが生じてきました。

それで、お釈迦さまの教えをまとめ、きちんと教団内で語り継いでいこうと、五百人のお弟子さんが集まりました（これを「仏典結集《けつじゅう》」といいます）。

そこで一番長くお釈迦さまの身近にあったアーナンダ尊者を中心に、お釈迦さまの説かれた法が皆で確認されて、経（経蔵）ができました。また戒律については、お弟子さん中で最もよく実践されて、「持戒大師」と呼ばれたウパーリさんが中心になり、律（律蔵）が整いました。

さらに時代が下ると、たとえば『成唯識論《じょうゆいしきろん》』、『大智度論《だいちどろん》』といった経と律を研究・解釈・注釈した論（論蔵）ができ、これによって経・律・論の「三蔵」が完成します。

●ガンダーラから世界へ、大乗仏教の広がり

仏教の歩みをたどりますと、それは統合ではなく、分派の歴史です。まず最初の「根本分裂」で上座部《じょうざ》と大衆部《だいしゅ》、いわば生活の戒律を昔通りきっちり守っていこうとする上座仏教と、ある程度時代に即応して変えていこうではないか、形は多少崩れても、その中の精神をつないでいこうという大衆部（大乗仏教の基本思想）の二つに分かれます。

大乗仏教がガンダーラに始まるきっかけとして、前三二七年のアレキサンダー大王の遠征によって、ペルシアやギリシアの文化がこの地に流入したことを忘れてはなりません。

さらにその後、アショーカ王による全インド統一が成就し、王が仏教に帰依したことで、東洋の教えがヘレニズム文化と出会いました。そして、お釈迦さまのお涅槃《ねはん》から約六百年後のカニシカ王の治世のころに、仏教はこの地で、自己の解脱《げだつ》のみを求めて修行する仏教から、大乗仏教の慈悲の教えに変革を遂げたとされています。

私は上座仏教のことはよく知りませんが、大乗仏教とどこが違うかというと、上座では仏さまはお釈迦さま一仏だけです。また、己を確立するのには出家が第一で、在家は許されません。衆《しゅ》

生済度《じょうさいど》といいましょうか、迷える人々を救うという生き方よりは、個人的自利主義だといわれています。

その点、大乗仏教は一生懸命修行をすれば、誰でも仏さまになれると、お釈迦さま本来のお慈悲による救済を教えの拠り所としています。この大乗仏教の教えが、中央アジア、中国、あるいは朝鮮半島を通って日本へと伝わってきました。

私は、人種と文化のるつぼであったガンダーラにおいて、初めて仏教が世界のどの地域にも受け入れられる宗教に変容し、飛躍しえたと考えております。

（平成十一年九月二十四日の講演より）

罪と懺悔に自尊心

薬師寺の「花会式《はなえしき》」は、堂内に満ちる花から、いかにも春めいた行事に思われています。しかし、本来は東大寺の「お水取り」と同じく、修二会《しゅにえ》、つまり二月の「悔過《けか》」（懺悔《さんげ》）の行法です。

薬師如来さまの前で日常生活の罪や過ちを悔い、懺悔することによって心を清め、国家の繁栄と国民の幸せを願う法要なのです。

●煩悩という客塵を消去するのが繊悔

では、なぜ過ちを悔いるのでしょうか。人間とは、生まれてからずっと自分を中心に生きています。たとえば集合写真でまず見るのは自分の顔です。

そのように自分中心に動いていく生き方は、自我、つまりエゴ中心の生き方であって、仏教では悪と見ます。他人さまの幸せをお手伝いする行動は善しとしますが、なかなかできないのです。まさに「善業《ぜんごう》は積み難く、悪業《あくごう》はつくり易し」……悪業ばかりつくっているのが人間かも知れません。

と同時に、業とは行為ですから、体でする行為ばかりでなく、身《しん》業・語《ご》業・意《い》業、言葉でいうこと、心で思うこと、すべてが業ということになります。

本来、お釈迦さまの時代には、「ウパーサカ」（布薩《ふさつ》）といって半月に一度反省会を催し、身口意の三業で誤ったことはなかったかを反省しておりました。

と同時に、人間は自分のことが一番分かっているようで、一番分かっていないものなのです。逆に他人さまにはよく分かるので、「あなた、こんなことをしましたよ」といっていただいて、「あ、そうか」と反省するのが一番的確に己の非を自覚できるのです。

そしてまた、人間はなかなか人の前では謝れないものです。それは人には自尊心があるからです。かわいい自分を守ろうと、自己中心的にプロテクトしてしまいます。

ですから、黙って心の中で謝っていてもだめです。虚心坦懐《きょしんたんかい》に、人の前で素直に非を認める。

勇気が要りますが、それを敢えてするところに、人間として一段階上に脱皮することができるのです。

何よりもまず、懺悔することが根本であり、花会式でも多くの御仏の前でわが身の罪を懺悔し、三千の仏さまのお名前を読誦《どくじゅ》して身心を清めつつ、世の中の安寧《あんねい》を一つ一つ祈願してまいります。

お経の中にも、

「一、二の仏名を唱えるだけでも罪は消え、三千の尊号を唱えれば、無始《むし》の塵労《じんろう》（大昔からの自分のあらゆる罪汚れ）がことごとくなくなってしまう」

と書かれているのです。仏さまが働いてくださるのです。

煩悩というのは、「客塵《かくじん》」、つまり、かりそめのものです。人が持って生まれた本来のものは、清浄なものなのです。仏教でいうならば「仏性《ぶっしょう》」と呼べるものです。別の言葉でいうならば「まごころ」とでもいうものでしょうか。そういう本来あるものの上に、煩悩という塵《ちり》がつく。一時的な客のようなものだから払いのければよい。洗濯して洗い流すという思考です。それを可能にするのが懺悔です。

『仏教聖典』というお経を読んでいましたら、お釈迦さまが出家者に語りかけたお言葉がありました。それによりますと、形だけ出家はしても、貪欲《とんよく》、瞋恚《しんに》、己惚《うぬぼ》れ、妬《ねた》み、誑《たぶら》かし、諂《へつら》い、悪欲を遠ざけなければ、それは両刃《もろは》の剣を衣に包んでいるようなものだ、それは出家ではないという、厳しいお言葉です。

慈《いつく》しみ、憐《あわ》れみ、喜び、平らかな心をお互いに平等に持ち合うという「四無量心《しむりょうしん》」（四つの利他の心）で日常生活を営むことが大切だと説いていらっしゃるのです。

私などは、衣をまとっていても、心中の自我に根ざすものから抜けきれません。それを徹底して懺悔することによって、角を取っていくのだと、肝に銘じております。

（平成十二年三月二十三日の講演）

出家の動機

――「青春・健康・生存」の驕りの戒め

私が薬師寺の小僧になりましたのは、昭和二十五年の五月五日です。今年（平成十二年）の五月は、出家五十年の記念の月でもありますので、お釈迦さまのご出家に思いを重ね、出家のお話をしたいと思います。

●老・病・死を厭い嫌うお気持ちへの嫌悪

お釈迦さまは、カピラ国の太子というやんごとない身分にお生まれになり、衣食住のすべてに恵まれ、美しい妃とお子さまもおられて、幸福の極みの生活を続けておられました。

しかし、そこに留まることができずに出家なさいました。その動機については、「四門出遊《しもんしゅつゆう》」と呼ばれる次のような説話の形で示されています。

ある日、お釈迦さまがお城の東の門から郊外に出ようとなさると、老いさらばえた老人に出会います。私たち人間は、いずれは自分もそういう姿になることは分かりきっているのに、老いた姿を見ると「嫌だなあ、ああはなりたくない」と、思います。お釈迦さまもそう思われました。またある日、南の門で病人に出会い、西の門で死者に出会って、それぞれに嫌悪の気持ちを抱かれます。同時に、そういう嫌悪感を抱いたご自身を、厭《いと》う気持ちをお持ちになります。

「比丘《びく》たちよ、わたしは、そのような生活のなかにあって思った。愚かな者は、自ら老いる身であり、いまだ老いを免れることを知らないのに、他人の老いたるを見れば、おのれのことは忘れて、厭い嫌う。考えてみると、わたしも老いる身である。老いることを免れることはできない。それなのに、他人の老いおとろえたさまを見て厭い嫌うというのは、わたしとしてふさわしいことではない。比丘たちよ、そのように考えたとき、わたしの青春の驕《おご》りはことごとく絶たれてしまった」（増谷文雄訳『本行集経』）

お釈迦さまは、同じように病に対する健康の驕り、死者に対する生存の驕りを絶たれました。自分もやがて老いるのだ、病気にもなり、死ななければならないという変化する姿に悩まれ、その苦しみから抜け出る道はないものだろうかと思われました。

そういうある日、北の門から出られたときに、バラモンの行者に出会います。やせた姿ですが、そのまなざしに崇高なものを感じ、出家へ誘われたと「四門出遊」の伝説は伝えています。

菩薩の出家は自利利他のため

お釈迦さまはご出家の後、悟りを開かれて、生老病死の苦しみから解脱《げだつ》されました。出家の功徳は、自我の執着がなくなり、自由自在となり、五欲などの束縛から離れられること。苦しみが楽になることです。

『大荘厳法門経《だいしょうごんほうもんきょう》』巻下には、菩薩の出家は自利利他であるとして、自分だけ剃髪《ていはつ》し、衣を着け、戒律を守り、独坐瞑想して涅槃《ねはん》の境地に解脱を求めるのが出家ではないと、記されています。

つまり、

「他人の煩悩《ぼんのう》を除くこと、他人の煩悩を断ずるために努力すること、戒律を毀《やぶ》る人に守らせること、他人を智恵をもって解脱させること、他人を安らかな境地に導くこと、他人のもっている善意を増長させること、他人を大涅槃に入れたいと願い、一切の人に慈悲心を起こさせるように努めるのが出家である」

と諭《さと》されています。

私は、十二歳で得度し、剃髪し袈裟《けさ》をつけて、出家の身となりましたが、形はなりやすく、心は至り難しが、悲しいかな実態です。

しかし、永遠なるものを求めて永遠に努めることが僧の道です。

「僧は諸人の幸福を育む良福田《りょうふくでん》（田んぼ）たることを念じなさい」

というお釈迦さまの教えに少しでも沿うように、努めたいと存念しています。

（平成十二年五月二日の講演）

修行と苦行

亡くなられた高田好胤《たかだこういん》管長は、昭和十年に入山され、私は、昭和二十五年に十二歳で薬師寺に参りました。年は十四歳違います。

お師匠さんの橋本凝胤《はしもとぎょういん》住職が五十三歳で、高田副住職が二十六歳でした。ちょうどその頃から高田副住職は修学旅行の生徒にむかってお話を始められ、副住職時代の十八年間、ひたすら仏心の種まきに努められました。

「自分が棺桶《かんおけ》に入ったときには、修学旅行の生徒の顔が頭に浮かんでくるだろうな。それでわしは本望や。日本一の名僧にはなれんけれども、仏教の案内坊主としては日本一になってみたい」

という謙虚な気持ちで、それは一生懸命に話をされました。

この六月（平成十二年）に、高田管長の三回忌をしましたとき、記念の追悼集を作りましたが、昭和四十二年に住職になられ、四十三年以降の講演回数が、北海道から沖縄、国外も入れて八千数百回です。回数といい、全国津々浦々にあまねく赴かれた足跡といい、仏教の伝道僧として昭和、平成のナンバーワンではなかったでしょうか。

●修行とは心のエクササイズ、心の浄水場

高田好胤管長は、いったん決心されたことは、着々と積み上げていくという信念と努力の方です。大変情に厚い方でありましたが、お師匠さんの悲願を体してお写経による伽藍《がらん》復興を発願《ほつがん》されてからは、もろもろの情を捨て、たとえば結婚式、お葬式、すべての義理は欠きながらも、ひたすらお写経勧進《かんじん》の講演に専念されました。

そして、私たちには、

「修行せないかん、このごろの坊さんは怠惰《たいだ》飽食《ほうしょく》で修行が足らん、お釈迦さまのお悟りに至る前の苦行を忘れてはいけない」

と、口癖のように話しておられました。

インドの人々は、苦があれば必ず楽があると信じていますから、苦を先にしておこうと、暑さ寒さに耐えること、あるいは食事を制限することなど、いろいろな苦行をして後の幸せを願います。

お釈迦さまも、ありとあらゆる行をされました。悟りを開かれた後、お釈迦さまは極端な苦行、極端な快楽を避ける「非苦非楽《ひくひらく》の中道《ちゅうどう》の教え」をお説きになってはいますが、ご自身は、悪魔から死の誘惑を囁《ささや》かれるまでに肉体を痛めつける行をなさいました。

菩提樹の下のその姿が、村娘のスジャーターには神さまに見えたのでしょう、乳粥《ちちがゆ》を供えました。お釈迦さまがそれを口にされたので、一緒に行をしていた仲間は、「彼は動物性の食べ物を摂《と》った。堕落した」と非難し、去ってしまいます。しかし、お釈迦さまはそのおかげで命が長らえ、さらに瞑想を続けられて、見事に悟りを開かれたのです。

私は、人間の成長の過程における苦行、修行ということは、人間をつくる上で大事なことだと思います。世の中で、いきなり幸せになることはないのです。また、生涯を通して、幸せの連続もなければ、不幸せの連続もありません。必ず浮き沈みがあるのが人生です。それに耐えられる肉体、とりわけ精神を、スポーツ・ジムでエクササイズするように鍛え、つくっておくことが必要です。

人間の社会には、いろいろな辛いことや悲しいことがあります。あるいは罵詈雑言《ばりぞうごん》を浴びせかけられることもあります。私は、いろいろの川水が浄水場で浄化され、命を養う水道水となるように、それらを心の中でうまく浄化したときに人間の心は変わっていく。そこが大切な修行なのではないかと思っています。

橋本凝胤師匠の悲願の上に、高田管長が命懸けで苦労されました。

その遺志を引き継ぐ私たちにとって、何よりも大切なことは、薬師寺が今後どのような時代を迎えても、修行を忘れてはいけない。これが高田管長の遺言であると信じております。

（平成十二年六月二十八日の講演）

三つの宝

この秋（平成十二年）、十七日間ほど、インドの仏跡を参拝して参りました。

このことについてはまたお話しする機会もあろうかと思いますが、今回は少々趣《おもむき》を変えて、「三つの宝」というお話をいたします。

●仏教の「三宝」

仏教では、仏宝・法宝・僧宝の三つを「三宝《さんぼう》」といい、聖徳太子の十七条憲法の第二条には、
「篤《あつ》く三宝を敬う　三宝は仏法僧なり　四生《ししょう》の終帰万国の極宗なり　何《いず》れの世　何れの人か

是《こ》の法を尊ばざらん　人はなはだ悪しき人少なし　よく教えるをもちて従う　其《そ》れ三宝に帰りまつら不《ざる》は　何を以てか曲れるを直さん」

とあります。

仏教徒としてまず大切なことは、仏に帰依し、法に帰依し、僧に帰依することです。

仏とは、お釈迦さまその方ですが、より広くは理想的な人格を具備した人と考えてよいでしょう。また、大きな宇宙も仏であり、私たちの心の中にもある美しいまごころも仏です。目には見えませんが、そういう美しいこころ、理想の人格といったものを仏として、まずそれに対して帰依します。

そして、仏が説かれた教え（法）を、敬虔な気持ちで受けとめていきます。

教えは真理であり、時の古今を問わず、洋の東西を論ぜず、人種の如何《いかん》を選ばず、誰でもが「なるほど」と思えるような教えが真理です。

もう一つは、そうした教えを実践する僧に帰依するのです。この言葉を聞くと、私は今の時代に本当に帰依するに足るお坊さんがどれだけいるのか、私自身を含めて内心忸怩《じくじ》たるものがあります。

でも、この僧とは、仏教の修行をし、僧籍を持つ人とは限りません。普通の方の中にも、すばらしい生き方をされている方がいます。そういう方に敬虔な気持ちで接し、自分もそのような生きざまを鏡として生きていけばよいのです。

●老子が説く人間の「三宝」

老子は中国、春秋時代の思想家であり、人間の生きる道を説いた人です。

先ごろ、その著の『老子』について、加島祥造《かしましょうぞう》先生訳の『伊那谷《いなだに》の老子』（淡交社刊）で知る機会がありました。老子の教えは漢文で読むと大変難しいのですが、英訳されたものを日本語に直すと非常に読みやすく、大変面白い。加島先生がこのことに気づかれて訳された本であり、私はここから多くのことを学ぶことができました。

老子がいう人間の中の「三つの宝」は、一が「慈愛」であり、特に母の愛です。

二が「足るを知ること」、「倹約」です。

そして三が「世の中の先頭に立たないこと」です。

加島先生は非常に分かりやすく記されていますので、読んでみましょう。

「深い愛があってこそ、はじめて人はほんとうに勇敢になれるんだ。ふだん質素に蓄えていれば、いざというとき、気前よく分け与えることができる。いつも人の先頭に立とうなんてしなければ、いつのまにか、人が後押しをして、王者のように遇してくれるんだよ。愛がなくて、なお、勇敢に振舞おうとしたり、後ろにいるべきなのに、無理に先頭に立ったりするものは、みんな墜落するんだよ。実際、深い憐れみと愛の心は、たとえ戦いに負けても、ほんとうに負けたことにならないし、守るとなれば、いわゆる難攻不落なのだ」

そしてまた、「本当の道の智恵とは、人々を傷つけず、養い育てるものだ。だから道の人は、まず争わないんだ」と、書かれています。

二十世紀は、戦争と物質文明偏重の時代でした。その反省を踏まえて、次の二十一世紀をどう生きるかが、私ども一人一人に問われています。このようなとき、老子の教えが何らかの示唆を与えてくれるのではないかと思い、その一端をご紹介しました。

（平成十二年十月三十日の講演）

玄奘三蔵の求めた唯識の教え

毎年十一月十三日の夜、私ども薬師寺と興福寺で、交互に「慈恩会《じおんね》」の法要を勤めます。これは玄奘三蔵《げんじょうさんぞう》のお弟子さんで、法相宗《ほっそうしゅう》の宗祖である慈恩大師をお偲《しの》びする式ですが、私はこの慈恩大師のお顔によく似ているそうです。中国に行きますと、「慈恩大師によく似ていますね」といわれます。

高僧に似ているのはありがたいことですが、それには内実が伴わなければなりません。人の心の有り様、長い歴史の表われが顔ですから、私も大いに努めて、顔をみがきたいものだと思っております。

自己のおぞましさを見つめ続ける唯識の教え

仏教の教えを書いたものには、経蔵・律蔵・論蔵と三種類があり、これを「三蔵」といいます。経は、お釈迦さまがお弟子さんたちに直接お説きになった言葉であり、律は、僧侶の日常生活を定めたものです。論は、お釈迦さまの教えを後世の方がさらに分かりやすく解釈したり、哲学的、思想的に深めたりしたものです。

そして、この三蔵をマスターした方を、「三蔵法師」と呼びます。したがって三蔵法師はたくさんおられますが、中でも最も三蔵法師らしい方が玄奘三蔵です。それは、十七年間艱難辛苦《かんなんしんく》してインドから持ち帰った経典を、誰よりも多く翻訳して弘法されたことによります。そして、玄奘三蔵より古い訳の経典を「旧訳《くやく》」、玄奘三蔵以後の訳を「新訳《しんやく》」と呼びますが、玄奘三蔵が眼目とされたのは経よりも論であり、中でも唯識《ゆいしき》論です。

本来宗教というものは、「信仰によってよく入るの門と為す」の言葉もありますように、信仰、信心から入っていくという立場があります。

しかし、唯識はそうではなく、知的な理解から入っていきます。理路整然とした教えであり、「なるほど」と、一つずつ理解し、会得《えとく》していきます。

さらにいうならば、理想だけを語るのではなく、現実人間を深く見つめていく教えです。日本で広く普及している宗派は、その多くが『法華経《ほけきょう》』や『涅槃経《ねはんぎょう》』を拠り所としていますが、その中に「一切衆生悉有仏性《いっさいしゅじょうしつうぶっしょう》」、あるいは「山川草木悉皆成仏《さんせんそうもくしっかいじょうぶつ》」、どんな人でも、草や木でも仏性を持っている、成仏できるという教えがあります。

唯識、法相宗ではそうはいきません、「五性各別《ごしょうかくべつ》」と申しまして、仏さまになれる人の資質を、五つに分けているのです。

その中の「菩薩定性《ぼさつじょうしょう》」というのは、生まれながらにして仏さまになれる人です。

「独覚定性《どっかくじょうしょう》」（縁覚《えんがく》定性）とは、人の話を聞かなくても、一人で悟りを開く資質を持っている人です。花がはらはらと散ったり、秋の野山の寂しさを見たり、さまざまな縁に触れて、自分で諸行無常《しょぎょうむじょう》の悟りを開くことができます。

「声聞定性《しょうもんじょうしょう》」の人は、仏さまの教えを聞き、実践することによって悟れる資質を持っていますが、それは小乗の悟り、つまり自ら悟ればそれでよいという悟りであるというのです。

また、前者三つのいずれとも決まらない「不定種性《ふじょうしゅしょう》」の人がいます。

そして、救われないのは「無性有情性《むしょううじょうしょう》」です。仏さまにはなれない資質の人もあるといいます。

一方の教えによれば、人にはすべて仏になれる資質があるといい、一方ではなれない人がいるという、この矛盾性が昔から議論を呼んできました。

しかし、これは決して他人に対する区分ではないのです。人の心の中に潜《ひそ》む意識の問題です。自分の心をじっと見つめれば見つめるほど、自己反省を深めれば深めるほど、自分の至らなさに気づきます。いうならば現実の自分の中に、とても仏さまにはなれないおぞましさがあることを自分で気づきなさいということであると、私は考えています。

唯識とは現実の自分を見つめ、反省と向上の努力をし続ける厳しい教えであると思います。

（平成十二年十一月十四日の講演）

縁起を悟って道を成ずる

　毎年十二月になりますと、禅宗のお坊さんは、一日から八日の朝まで坐禅を組まれます。「臘《ろう》八接心《はつせっしん》」といいますが、それは八日早朝、明けの明星が東の空に輝いたときに、お釈迦さまは菩提樹の下にお坐りになって悟りを開かれたので、それを追体験するという意義を持つものでありましょう。

　お釈迦さまのお誕生日の四月八日、涅槃《ねはん》にお入りになった二月十五日、そして悟りを開かれた十二月八日を、仏教徒は非常に大事にします。そのときのお釈迦さまを慕い、何を悟られたのか、何を思われたのかということを、改めて学ばせていただきます。

今回はこのことを踏まえて、人間としての道、生き方についてお話いたします。

●今日の自分につながる無数の因縁

日本人は華道、茶道、香道、柔道、相撲道、合気道、仏の道と「道」が好きです。道とは何か。目的地に向かっていくルートであり、到達点に至るための方法です。お茶をし、お花をし、いろいろなことをするのも、それはただ楽しむためのものではなく、それを通して自己の人間性を高めていくためのものなのです。自分自身を成長させる、成《じょう》じるためのものなので「道」がつくのだと思います。

お釈迦さまは道を成じられた、つまり悟りを得られたわけですが、では何を悟られたのでしょうか。

仏教では「四聖諦《ししょうたい》」「八正道《はっしょうどう》」「十二因縁《じゅうにいんねん》」ということがよくいわれています。「四聖諦」は、『般若心経』にもありますように、苦《く》・集《じゅう》・滅《めつ》・道《どう》(苦しみ、集める、滅する、道)ということで、平たくいえば、人生の問題とその解決法についての四つの真理といってよいでしょう。

「苦」――この世は生老病死、すべて自分の意のままにならないからして苦であることを自覚する。

「集」——苦の原因は煩悩の集まりという事実を知る。

「滅」——苦の原因である執着を滅すること、涅槃の境地に至るところに、安らぎが得られる。

「道」——その境地に至る実践は、八つの正しい道により行われなければならない。

「八正道」については以前もお話しましたが、正見《しょうけん》・正思惟《しょうしゆい》・正語《しょうご》・正業《しょうごう》・正命《しょうみょう》・正精進《しょうしょうじん》・正念《しょうねん》・正定《しょうじょう》の八つがあり、これを日々の生活に取り入れて修行することで、寂滅《じゃくめつ》、つまり悟りの境地に至ることができます。

そして「十二因縁」は、人生の苦しみの根元（原因）を深く深く追求し、自分の今の由《よ》って来《きた》るところを認識することによって、苦悩をなくそうとするものです。無明《むみょう》・行《ぎょう》・識《しき》・名色《みょうしき》・六《ろく》処《しょ》・触《そく》・受《じゅ》・愛《あい》・取《しゅ》・有《う》・生《しょう》・老死《ろうし》の十二が挙げられていますが、なぜ人間は死ぬのか、それ

インド・ブッダガヤの菩提樹
（お釈迦さまが悟りを開かれた場所）

は人間は老いるからだ、あるいはまた生まれてきたからだと、苦しみの原因を前へ前へとさかのぼって考えていき、要するに人間が今あることは、それぞれの原因と縁によるものだ、と悟ってゆくのです。

お釈迦さまは、一切のものは、これとあれとの関係性の中に生じている（縁起《えんぎ》）とお説きになっています。

「比丘《びく》たちよ、まず縁起というのは、どのようなことだろうか。たとえば生があるから老死があるという。このことは、私がいようと、いまいと、決まったことである。存在の法則として定まり、確立していることである。その内容は、相依性なのである。それを、私は、悟った」

と。

自分の生きているそのままの姿は、苦しみであれ楽しみであれ、網の目のようにずっとつながった縁によるものです。そのことをよく考えてください。

宇宙や地球環境から、ご先祖さま、両親、周りの人々、見知らぬ多くの人との因縁で自分が今生かされていること、活動していることを自覚し、感謝の念を持っていただければと思います。

（平成十二年十二月五日の講演）

自分を知る

――苦しみの原因は欲望

四月八日は、お釈迦さまの誕生を祝う「花祭り」の日。薬師寺は五月八日、一ヵ月遅れで営んでいますが、お釈迦さまが生誕されたおかげで、仏教が世にあるわけです。

今回は、ご出家の原因を見ながら、人間とは一体何だろうか、人間の根底にあるものは何かということを、考えてみたいと思います。

●人は不幸に出遭って、初めて命について考える

私たちは、みんな命を持っています。また、その命には限りがあることを知っていますが、何

か不幸なことに出遭ったとき、初めて自分の命というものを真剣に考えるのだと思います。

東京大学文学部の岸本英夫先生は、私が尊敬する宗教学者です。先生は死とは何かということを、常日頃から考えておられた。そういう方でもがんの宣告が下されたとき、何とか死から逃れたいと藁《わら》にもすがる思いで考えられたそうです。そして死とは何かと、命がけで死と向き合われました。

岸本先生は、「死後はわからない。死とは実体のないものだ。真っ暗な闇夜は光がない。光のない状態が闇夜である。命のない状態が死である。死という実体はない」とおっしゃっています。

そして、実体のない死よりも、生きている今をいかに生きるかが大事だと、生き方を懸命に考えられました。毎日を真剣に生き抜かれたゆえに、余命はあと半年と宣告された方が、十年生き延びられたそうです。

人間には、心の動きによって、そういう不思議な力が湧き出ることがあるのです。

自分を見つめ続け、ついに悟られたお釈迦さま

お釈迦さまは二十九歳まで、一国の王子として何不自由のない生活をしておられました。結婚もし、子どももでき、やがては王位を継ぐのです。

あえてそういう生活を捨てて出家をされる一端が、「四門出遊《しもんしゅつゆう》」、つまり四つの門で老・病・死とバラモン僧に出会われたことです。その様子は、お経に記されています。

お釈迦さまは、まず、老人に出会って悩まれます。

「このように私は考えた。人間というものはまことに無知なもので、自分の身が老いゆき、老いから逃れようもないものなのに、他人が老衰したのを見ると、自分のことは棚に上げて、面倒に思い、恥じ、嫌らしいなと思う。しかし、私もまた、老いゆき、老いから逃れようもないのだ。それなのに、ほかならぬその私が他人の老衰を見て面倒に思い、恥じ、嫌だと思っている。これは私にふさわしいことではない」（『増支部経典』）

やはり、違いますね。お釈迦さまは、老いを嫌う自分が恥ずかしいと、ご自身を厭《いと》われたのです。

同じように病人、死者に出会い、最後に北の門でバラモン僧者に出会われた。やせた姿ではあったけれども目が皓々《こうこう》と輝き、生き生きとしていた。それに啓示されて自分も出家されるのです。

そして一人で苦行をされ、ついには悟りを開かれます。その悟りの内容は、私も十分に理解できていませんが、「人生、あるいはこの世とは、所詮《しょせん》、苦しみである」ということであろうと考えます。

「生老病死《しょうろうびょうし》」――生きることがすなわち苦しみである。

「愛別離苦《あいべつりく》」――愛する人と別れる苦しみ。また、若さや健康といった自分が愛するものを失う苦しみ。

「怨憎会苦《おんぞうえく》」――憎い人にも会わねばならず、テロはもとより、思わぬ恨みや憎しみに遭うこともある苦しみ。

「求不得苦《ぐふとくく》」――求めて得ることができない苦しみ。

さらにまた、こうした苦しみの根源を探ってみると、そこには欲望、つまり我欲があるのです。人は絶えず何かを求めて生きています。あらゆる執着を捨てて生きることはできませんが、「こだわりを離れるところに自然に善が表われ、悪がなされない」という言葉を、どうぞ考えてみてください。

（平成十四年四月三十日の講演）

薬師如来の信仰

私は毎朝、ご本尊の薬師如来さまにお参りして、ひたすら『薬師経』を唱え、寺あてにお寄せくださった病気平癒や健康増進の願いをお取り次ぎさせていただいています。

私には治す力はありません。けれども「お薬師さまが誓願された諸人救済のお働きを、ぜひともこの方の上にお示しください」とお願いいたします。

また、自分のことについては、「ご加護のおかげで、今日まで健康に過ごさせていただきました」と、心からの感謝の祈りを捧げています。

十二の誓願をなさった薬師如来

『薬師経』というお経は、お釈迦さまがバイシャーリーの地で、薬師如来の功徳を説かれたお経です。文殊菩薩《もんじゅぼさつ》が、「お釈迦さまのような方が、他にもいらっしゃるのですか」と、お尋ねになります。すると、

「ここを去ることはるか東に東方浄瑠璃《じょうるり》世界があり、そこの教主は薬師瑠璃光《るりこう》如来とおっしゃる。まだ菩薩で修行していらっしゃったときに、人々の病いを癒し、苦悩を救わんと十二の大願をお立てになった仏さまで、いま、その目的に向けてお働き中なのだよ」

とお話しになっているのです。

『薬師経』を読みますと、十二の大願が書いてあります。その中でも重要な第六の大願は、諸根具足の願、つまり「体に障害を持つ人が、薬師瑠璃光如来の名前を唱えたならば、完全な体にしてあげよう」という願です。

第七の大願は、除病安楽の願、すなわち「病気をしたならばどんな病気でもことごとく治してあげ、心身安楽にして悟りが得られるようにしてあげよう」という願です。いうならば、われわれがいま「苦しみを除いてほしい」と願うものを、何でも叶えてくださる現世利益《げんぜりやく》の仏さまです。

仏教では哲学的な難しい論を好んでしますから、「ご利益信仰なんて、程度の低いものだよ」とおっしゃる方もあります。

しかし、「人事を尽くして天命を待つ」という言葉もありますが、人はお医者さまにも見離されたとき、藁《わら》にでも何にでもすがりたい気持ちになるものでしょう。そのときに、ただひたすら念ずる。「念」の字は、今の心と書きます。今の自分の心の中に仏さまを置いて、安らぎの心を得ることは、とても大事なことではないかと、私は思います。

薬師寺のご本尊・薬師如来像
（写真提供：薬師寺）

お薬師さまの正式のお名前は、「バイシャジャ（薬）グル（師）ヴァイドゥールヤ（瑠璃）プラバ（光）タターガタ（如来）」、偉大なる薬師瑠璃光如来です。

そしてご真言は「オン　コロコロ　センダリ　マトオギ　ソワカ」です。

島根県の平田市に、一畑《いちばた》薬師という眼のお薬師さんとして知られる薬師如来がまつられています。ある方が戦争から帰って眼が見えなくなり、あちこちのお医者さんにかかっても一向によくなりません。もう仕方がないと思って一畑薬師にお参りになり、ご真言を毎日一万遍ずつ唱えられました。

すると、五日目ごろに「あそこに鳥がいるね」と、奥さんにおっしゃったそうです、で、奥さんが指されたほうを見ると、欄間《らんま》に鳥の彫刻があった、ひたすら念ずることで、目が見えたという実話を聞きました。人間の心はまことに不思議な力を持っているという好例でもありましょう。

仏さまとは、現実には目に見えないものです。われわれの命も目には見えません。でも、命によって私たちは生かされています。私は、念ずる対象は仏さまでも、神さまでも、地球でもいいと思います。自分を生かしてやろうと働いてくださっている万物のおかげに、心から感謝する。「ありがとうございます」という感謝の生活が安らぎに生きることであり、心に仏をいただく生活であると思います。

（平成十四年五月二十九日の講演）

白鳳伽藍復興の三十五年を顧みて

薬師寺千三百数十年の歴史の中で、この三十余年の歩みは大きな光芒《こうぼう》を発するものであり、ある意味では、毎日が歴史を作りだしている日々といってもよかろうと思います。そういう時代に行き合えた私は大変幸せであり、ありがたいことだと考えていますが、そのような感慨を含めて、白鳳《はくほう》伽藍《がらん》復興の三十五年をお話しさせていただきます。

●橋本凝胤師匠に始まる金堂復興の願い

明治時代に、廃仏毀釈《はいぶつきしゃく》という、仏教に対する一大弾圧が行われたことはご存知であろうと思い

泥と蓮 白隠禅師を読む 坐禅和讃・毒語心経・隻手音声

沖本克己 著　今日の臨済禅の基礎を築いた白隠の個性あふれる三篇を読解し、息づかいに触れる。　二五二〇円

澤木興道老師のことば

櫛谷宗則 編　仏道の真実をずばりと言い抜いた老師の言葉を一頁に一句配した製本で刊行。　二二六〇円

道元禅師・今を生きることば

青山俊董 著　道元禅師の教え一筋に歩みつづけた尼僧が語る、人生の折々の「気づき」の数々。　一八九〇円

〈仏教を学ぶ〉お経の意味がわかる本

服部祖承 著　般若心経や観音経など、よく聞くお経を取り上げ、現代語訳を付し、易しく丁寧に解説。　一四七〇円

禅談 改訂新版

澤木興道 著　軽妙な語りで深遠なる仏教の世界を説き明かす戦前からのロングセラー。　二五二〇円

セラー

禅に聞け 澤木興道老師の言葉

櫛谷宗則 編

法華経・永遠のおしえ ―全28章解説と唱題行

菅野日彰 著　法華経の全内容を易しく丁寧に解説し、唱題行の実践法を詳述。勤行経典収録。　二一〇〇円

日本神さま事典

三橋健／白山芳太郎 編・著　日本人なら知っておきたい神々を、神道の基礎知識を交え事典スタイルで紹介する神さまガイドの決定版。　二四一五円

龍樹―空の論理と菩薩の道

瓜生津隆真 著　鋭い論理で空の思想を追究した「八宗の祖」。主著『中論』と、『十住毘婆沙論』などの実践的著作を読み解く、筆者永年の研究の集大成。　三一五〇円

親鸞聖人「和讃」入門 その詩にみる人間と教え

山崎龍明 著　その詩は真実の信と本当の私自身に気づかせてくれると説く、平易な親鸞入門書。　二二〇五円

日本仏教十三宗ここが違う

安田暎胤・平岡定海、他共著　本尊や教義など共通の設問を通して各宗派や流派の相違をとらえる。　一八九〇円

新訳仏教聖典 新装版

木津無庵 著

210円です。

ます。仏像が焼かれ、僧侶の多くが還俗《げんぞく》するという状況下で、今こそ真の仏教の価値を見出そうと真剣に取り組んだ僧たちがおりました。

その一人、法隆寺住職の佐伯定胤《さえきじょういん》師は二度にわたって薬師寺住職を兼任され、最初の住職の時に、私の師匠の橋本凝胤《はしもとぎょういん》師は小僧として薬師寺に入りました。

そして、佐伯師匠のような僧侶になることを最大の目標として、唯識《ゆいしき》教学を学び、厳しい戒律を守り、昭和十四年に佐伯住職の後を継いで晋山しました。四十二歳で住職というのは、早い例です。

橋本凝胤師匠の念願は、荒れ果てた薬師寺を何とか立派な寺に再建することでしたが、日中戦争から太平洋戦争、そして敗戦と、時代はそれを許しませんでした。それで、人さえつくっておけばと、弟子教育に専念されました。早朝勤行《ごんぎょう》、掃除、洗濯、炊事、勉強のすべてにおいてその質を重んじ、「最小の効果のために最大の努力を惜しまぬのが修行者の道である」と、諭《さと》してやみませんでした。

そして、十六人の弟子を育てましたが、自分が佐伯定胤師の「胤」をもらったことをとても大事に思われ、高田好胤《たかだこういん》、松久保秀胤《まつくぼしゅういん》、安田暎胤《やすだえいいん》と弟子の多くに胤の名前をつけました。

同時に、お釈迦さまの戒律を守っていれば間違いないと、徹底した戒律至上主義を取り、お汁に煮干しやかつお節を使っただけで、臭いがすると、食べませんでした。

その橋本凝胤師匠からは、

「このお薬師さまのお堂は、仮堂じゃ。お薬師さまにふさわしい本当の金堂《こんどう》を造らないかん。そして、金堂ができたら、次は西塔じゃ」

と、弟子たちは何べんも聞かされていました。創建当初の金堂を復興したいというのが、一五二八年に兵火により焼失して以来の寺の願いでした。

大衆教化の先覚者、高田好胤管長

橋本凝胤師

高田好胤管長は、昭和十年に薬師寺に小僧に入られ、昭和二十四年、二十六歳の若さで副住職に抜擢《ばってき》されました。

口が達者ですから、橋本凝胤師匠から怒られるとバババッと口答えして、「お前は一言いうたら二言、三言口答えす」と叱られていました。すると、「そういうふうに教育したのはあんたと違いまっか」と、またいい返していました。

副住職時代の高田管長は、寺を支え、興隆に導くには、何をなすべきかと真剣に悩まれた末、薬師寺に来られた方、とりわけ次代を担う若い人たちに全身全霊で話をしよう、と考えられました。

そして、

「自分は住職にならなくてもいい。修学旅行の生徒に話をし、その感動をいただいて、棺桶《かんおけ》に入ったときの私の目に修学旅行生が映ればそれでいい」

と、情熱をこめて打ちこまれました。

昭和四十二年に住職になられたとき、晋山式で「金堂を復興する」と発願《ほつがん》されたものの、問題はその方法です。また、それを考えるのは、当時執事長であった私の仕事です。

財界からお金をいただくというような形ではなく、何とかして多くの方の心に喜びを与えるような形で再建できないだろうか。考えに考え、悩んだ末に思いついたのが、『般若心経』のお写経です。

忘れもしませんが「発菩提心《ほつぼだいしん》　荘厳国土《しょうごんこくど》」を大テーマに掲げて昭和四十三年六月からお写経勧《かん》進《じん》を始め、三年間で十八万巻できました。これをもって、昭和四十六年に金堂の起工式を営みました。

この頃、三越さんは創業三百年でした。そこで、文化庁と難しい交渉を重ね、移動禁止の国宝・月光菩薩《がっこうぼさつ》に奈良からお出ましいただいて、「月光菩薩展」を日本橋三越で開きました。そこでお写経のご結縁《けちえん》をいただき、仏さまのお力で、日に千巻、二千巻というものすごい巻数が達成できました。

高田管長とは長い間おつきあいをさせていただきましたが、忘れられない言葉があります。

それは、

「暎胤なあ、お堂を建てようと思ったら人さんを立てなあかん。人さんを立てたら、人さんがお堂を建ててくれはんのや。人に感謝する。人に親切にする。それが大事や」

であり、生涯を通じて言葉通りに実践された方だと思います。

●多くの識者の反対にあった西塔建立

昭和五十一年に、一山の願いが叶って、金堂の落慶法要を営みました。

次は西塔となりましたが、高田管長は、「西塔は建てる情熱が湧かん」と、着工を決意されるまでに心を迷わされました。寺内でも、「西塔は中心柱だけ買っておいて、後々の人に精神を継承してもらえばいい」という意見もありました。

一方、西塔を建てることには、風致《ふうち》を乱すという外からの反対がありました。奈良の美は滅びゆく中にある、東塔がぽつんと建っているのが美しいのである。そこへ西塔が建ったら、イメージが壊れるという意見です。

西塔は、大講堂の再建までに至る流れの、大きな分岐点でありました。あの時点で再建を諦めていれば、今日の大講堂の姿はなかったと思います。

でも、私たち若い者は、ぜひとも西塔を建て、可能な限り古《いにしえ》の白鳳伽藍の姿に戻したいと熱望しました。

結局は高田管長も決意されましたが、それが在任中八千回の法話、六百万巻のお写経大勧進の偉業になり、ひいてはお命を縮めたのではないかと、いつも心に思いつつ合掌しています。

●昭和天皇の通り初めをいただいた中門

昭和五十九年に中門と仁王像ができたとき、ちょうど奈良国体があり、ご来県の昭和天皇に中門の通り初《ぞ》めをしていただくことができました。

また、天武《てんむ》天皇、持統《じとう》天皇、大津皇子《おおつのみこ》の三神像が小倉遊亀《おぐらゆうき》先生によって奉納されましたので、ご覧いただきました。

すると、陛下は、天武、持統の両帝の前で、サッと頭を下げられました。

次の年の新年歌会始のお題は、「旅」でした。

遠つおやの　しろしめしたる　大和路を
歴史をしのび　けふもたびゆく

昭和天皇のお歌に、あの日のお姿が浮かびます。

●「ソフトづくり」をテーマに

今、二十一世紀になり、お写経の総数は七百万巻。三十五年ですから、一年で二十万巻です。おかげさまで大講堂の完成をみたばかりか、境内地も大きくなりました。これは昭和三十年代に、松久保秀胤住職（当時）が中心になり、白鳳時代のたたずまいがよみがえるようにと、農地解放で失った土地の買い戻しを懸命に行ったからです。

今年（平成十五年）、三月二十一日の大講堂落慶法要の日に、塩川正十郎財務大臣（当時）が来られまして、

「暎胤さん、これから何すんの？　ハードやなしにソフトやな」

とおっしゃいました。

ソフトづくりはハードづくりにもまして難しいものがありましょうが、これまで私どもを支えてくださった皆さま方のまごころを鑑《かがみ》として、また新たな歴史づくりの道を歩ませていただく覚悟です。

（平成十五年三月二十四日の講演）

最勝会法要の復興

お寺で法要を営むことには、参集された多くの方々に仏教を広め、教えを深めさせていただくという大切な意味合いが含まれています。

この春（平成十五年）、大講堂ができましたので、今、その活用法を真剣に検討しているところですが、薬師寺には、昔からあった大きな行事で、一五二八年の伽藍《がらん》焼失以来途絶えてしまっていたものがありました。

それが、このたび復興しました「最勝会《さいしょうえ》」です。

『今昔物語』に記されている「最勝会」の縁起

今回、復興に際していろいろ縁起などを調べましたが、「最勝会」のそもそもは、薬師寺の僧の仲継《ちゅうけい》が、ぜひ『金光明最勝王経《こんこうみょうさいしょうおうきょう》』を中心に法会を催し、天下を栄えしめ、帝の御世を長く安定させたいと、中納言直世《なおよ》王に願い出たことに始まります。それが裁可されて、天長七年（八三〇年）の三月二十一日から七日間、「最勝会」が初めて営まれました。

『今昔物語《こんじゃく》』によれば、興福寺の「維摩会《ゆいまえ》」、宮中の「御斎会《みさいえ》」とともに「日本三大会」と称され、勅使が派遣されてお香を賜り、『金光明最勝王経』を読誦《どくじゅ》し、経典の解釈や論議を行ったということです。鎮護《ちんご》国家を祈る一方で、諸寺諸宗の学僧が集い、三大会の講師を勤めた方には已講《いこう》という位がつき、尊敬されたということですから、僧侶の国家試験のような役割も果たしたことが窺《うかが》えます。

『金光明最勝王経』の根幹は、懺悔と誓願

この『金光明最勝王経』というお経は、十巻三十一品《ほん》から成り立っており、第四品の「夢見金《むけんきん》鼓懺悔品《こさんげほん》」に、こんな話が載っています。

それは、妙幢菩薩《みょうどう》がある夜見られた夢に、大金鼓が太陽のごとく輝いて現われ、あるバラモンがその金鼓を打ち鳴らすと、妙なる音の中に懺悔の教えがキラキラと浮かんだ、至心に懺悔すれば救われると示されたということです。

お釈迦さまの時代には、懺悔をすることが僧には一番大切な決まりであり、毎月一日と十五日にお弟子さんたちが一堂に集まり、自分のした過ちを全員の前で懺悔するということが行われていました。

私が昭和三十三年に橋本凝胤《はしもとぎょういん》師匠のお供をしてアメリカに行きましたとき、自分の行為を反省し、まず謝るということを実践しているMRAというグループの集会に出席したことがありました。

すると、お釈迦さまの時代と同じように一人一人が壇上に立ち、自分はこういうことをしたと、人の前で反省します。皆も、そのことから自らの行いを省《かえり》み、ああ、自分もそうだと、反省します。

その話を聞きながら、私は兄弟子のことを思いました。それまで謝ったことはありませんでしたが、帰国後、今まで気を悪くさせる態度や行為を取って申し訳なかったと、こちらから謝りました。すると、彼は怒濤《どとう》のごとく泣き出して、自分はあなたに対してこのように思っていたと、いってくれました。謝罪には勇気がいりましたが、以来、大変親しくなったという体験があります。

有能な弁護士さんで、森永の砒素《ひそ》ミルク事件の訴訟を担当された中坊公平さんによれば、中坊さんはそのとき、高い補償金さえ取れれば、それでお母さん方の心が休まるのか。むしろ、お母さんの中に、子どもにわびる心が生まれたとき、それが安らぎになるのだ、と教えられたそうです。

自分の行為を、ときには血がにじむような思いで反省し、懺悔する。さらには関係する人々だけでなく、自分を生かしてくださっている大いなるものに思いを致し、これからは、こういうことをしよう、このようにして世のため、人のために役立っていきたいと具体的に誓願すること。それが五百年ぶりに甦った「最勝会」の本願なのであり、金の光が常に変わらぬごとき願いなのです。

（平成十五年五月二十六日の講演）

薬師寺の歴史と文化

日本の上代文化を飛鳥《あすか》・白鳳《はくほう》・天平《てんぴょう》時代といいますが、飛鳥時代とは、西暦の五三八年もしくは五五二年に仏教が伝来後、その曙《あけぼの》のときの神秘的な美しさを漂わせている時代だと思っています。

それが次の白鳳時代になると、日が昇っていく青春の若さが感じられるようになり、そして黄金の輝き、円熟の天平時代へと移ってゆくのです。

● 皇后のご病気平癒を願われての発願

そういう青春の輝きを放っていた白鳳時代に、薬師寺を建てようと発願《ほつがん》なさったのが天武《てんむ》天皇です。お兄さんが天智天皇で、皇后の菟野皇女《うののひめみこ》（後の持統《じとう》天皇）はその娘さんです。

『日本書紀』によれば、天武天皇九年（六八〇）の条に、皇后が病を得られたので、平癒祈願のために薬師寺の建立《こんりゅう》を発願されたと記されています。

「皇后、体不予《みやまい》したまふ。即ち皇后の為に誓願《ちか》ひて、初めて薬師寺を興《た》つ。仍《よ》りて一百の僧を度せしむ。是《これ》に由《よ》りて、安平《みやまいい》ゆることを得たまへり」

天武天皇の即位に当たっては、皇位継承をめぐって「壬申《じんしん》の乱」の血塗られた歴史がありました。この厳しい骨肉の戦いのとき、皇后は常に天皇と行動を共にし、天下泰平に大きく貢献されました。天皇もまた皇后を深く愛し、尊重されていたのでしょう。だからこそ夫が妻のためにという、例のない寺院建立の発願になったと、私は思うのです。

その甲斐があって、菟野皇后の病は程なく癒えましたが、次には天武天皇が病を得られ、薬師寺の完成を見ることなく逝去されます。皇位を継承された持統天皇は、「ぜひとも夫の遺志を継いでお寺を完成したい」と、強く思われたことでしょう。

六九七年に薬師寺の本尊が完成して開眼《かいげん》の法要が営まれると、持統天皇はこれを見届けて、位を孫の文武《もんむ》天皇に譲られています。薬師寺の完成が、なし遂げるべき大きな仕事の一つではなかったのかと思っています。

ただし、このときの薬師寺の場所は現在の西ノ京ではなく、藤原京（橿原市城殿町本薬師寺跡）です。

そして、七一〇年に都が藤原京から平城京へ移ったとき、薬師寺も他の寺と一緒に移りました。薬師如来を「本寺より七日にて之《これ》を迎え奉る」ということが、寺の『縁起』には書いてあります。

●双塔が並び建つ、竜宮づくりの美

「奈良七重　七堂伽藍　八重桜」と、奈良の寺院は伽藍仏教と称されますが、薬師寺伽藍の最大の特色は、回廊に囲まれた金堂を中心に、その前庭東西に塔を配する双塔式七堂伽藍で、金堂も東塔、講堂も裳階《もこし》を持つ重層建築であることです。

平安時代に世に出た『三宝絵詞《さんぽうえことば》』には、

「龍宮のかたちを見て、すこぶる学び造れるなり」

と、龍宮がモデルであると記されています。故高田好胤《たかだこういん》管長は、これを「大屋根に裳階の屋根が抱かれた両帝のご夫婦愛の形です」と説明していました。

金堂は、仏さまを安置するお厨子《ずし》です。ですから昔、その中は、素晴らしい荘厳《しょうごん》で飾られていました。その金堂には薬師如来さま、講堂と食堂には阿弥陀さま、塔にはお釈迦さま、東院堂には観音さまといろいろの仏さまをまつり、信仰してきたのが奈良時代の寺です。

創建金堂は、享禄元年（一五二八）の兵火のために講堂・中門・西塔とともに焼失しました。今、「発菩提心《ほつぼだいしん》　荘厳国土《しょうごんこくど》」を掲げた好胤管長の渾身《こんしん》のお写経勧進が実って、白鳳伽藍の再建が七割ほどなり、バトンを引き継いだ第三走者が私です。

先人の文化遺産を守り伝えてゆくのが、その任です。と同時に、奈良仏教の特徴の「三学互用《さんがくごゆう》」――戒律を守る「戒《かい》」、心を落ちつける「定《じょう》」、智恵をみがく「慧《え》」の実践も、大事な文化伝承であると思います。

（平成十六年七月二十六日の講演）

理想的人格を目指して生きる

お釈迦さまは、十二月八日の朝まだき、明けの明星が輝くときに、菩提樹の下で坐禅をされて悟りをお開きになりました。このことにちなみ、毎年十二月一日から八日の朝まで、禅宗のお坊さんは、ひたすら坐禅「臘八接心《ろうはつせっしん》」をされます。確かに心を静めるということで、頭の中のいろいろな雑念が排除され、精神的な何かが得られるのだろうと思います。

今、日本の生活は、衣食住においてはかなり充足しています。しかし、満足感は、アジア十ヵ国の中で最低です。日本と韓国の人は、「今の生活に満足できない」ということが、統計上出ています。精神的な充足感が得られていないのです。

お釈迦さまもまた、衣食住においては何一つ不自由がなかったにも関わらず、心の奥に満たされないものがあり、それを追求するために出家されました。そして、厳しい苦行を通して、人生の四苦八苦を解除しようとされました。

お釈迦さまは、後に極端な苦行もよくなければ、極端な快楽もよくないとおっしゃっていますが、ご自身ほど苦行をされた方はありません。血肉をそぎ落とす大変な苦行をされた後に、悟りの世界、いわば理想的人格を達成されたのです。

●仏教とは、欲望の空しさを悟る自覚の宗教

仏教というのは、自ら目覚めた教え、つまり「自覚の宗教」であるといわれます。これに対しキリスト教やイスラム教は「祈りの宗教」と呼ばれます。

お釈迦さまが苦行の後に悟られたものの内容を理解することはなかなかできませんが、お経によれば、鹿野苑《ろくやおん》でされた最初のお説法「初転法輪《しょてんぼうりん》」の内容は、四諦《したい》・八正道《はっしょうどう》・十二因縁《じゅうにいんねん》の教えでした。

つまり、生きてゆくには四諦＝苦諦《く》・集諦《じっ》・滅諦《めっ》・道諦《どう》の真理をわきまえることが必要であり、その根底には、この世は苦しみの世であるという真実があります。では、その苦しみを取り除く

にはどうすればよいかが、八正道の実践です。

正　見《しょうけん》――世の中の真実の姿を、正しく見極める

正思惟《しょうしゆい》――正しく思考する　我欲に惑わされない

正　語《しょうご》――正しく言う　虚言や悪口を口にしない

正　業《しょうごう》――正しい行為　殺生・盗みなどをしない

正　命《しょうみょう》――正しい生活　呪術などを捨てて暮らす

正精進《しょうしょうじん》――正しい努力　悪行を捨て善行を増す

正　念《しょうねん》――正しい思いやり　常に仏道を忘れない

正　定《しょうじょう》――正しい禅定　欲悪不善の法から離れる

さらに、十二因縁――人生の苦悩がいかにして起きるのかを十二の項目で順にたどり、一つずつ消してゆくことによって根源を断ち、苦悩を減じていくのです。

私自身は、四諦八正道の哲学的な説明も大事ですが、これを一言でいえば、自分を中心にした欲望、「自分が、自分が」というエゴの心をできるだけ取り除いてゆく生き方の実践だと考えています。

それは一生を通じての戦いでもあり、他人との戦いに勝つよりも、自分との戦いに勝つことの

方が困難です。自分の幸せを第一に考えるのではなく、他人の幸せを心から喜べる人間になれるように努めてゆくことが肝心であろうと思うのです。

生活を正しくすると、心が落ち着き、心が落ち着くと、すばらしい智恵が生まれて、よりよく生きられると、理解したらいいのかもしれません。

物質的に恵まれた今日、日本人は欲の快楽にふけりすぎているのではないでしょうか。苦に偏ってもいけない、快楽に偏ってもいけないというお釈迦さまの教えを思い、物へのいたずらな欲求を退ける強さを持つ必要があると思います。

欲の快楽にふけらないように人生の軌道修正をすることが、美しい人間像の完成への一歩ではないかと、昨今のさまざまな現象を見つつ、心から思う次第です。

（平成十七年十二月二日の講演）

第三章

老・死を見つめて

心と体の調和

最先端の遺伝子学を勉強されている村上和雄先生によりますと、この地球上に存在するバクテリアを始め何から何までの生物の中で、人間として生まれてくることは一億円の宝くじに百万回連続で当たるより難しいということです。人間の生命をいただくことは、真にかけがえのないことだというお釈迦さまの教えと同じだと、改めて痛感しました。

人間として生まれてきたからには、美しい生き方をしたいというのが私たちの願いであり、その生き方を求めつつ生きるのが、そのままお釈迦さまの教えであり、理想的な生き方なのです。

●一生を四期（季）で考える「四住期」

インドでは、一生を四つの生活に分けて考えることが行われております。私はそれを春夏秋冬に分ける、という感じを持っております。

①学生期《がくしょうき》**（ブラフマチャーリン）**――師について学問の修行をする、少年期や青年期です。とにかく若い時代は、吸収するときです。多くのものを学んで、自分自身が一生懸命勉強するのが学生期であり、青春時代です。大きく成長していく時期です。

②家住期《かじゅうき》**（グリハスタ）**――結婚もし、家庭を持ち、社会の生産活動に従事していく年代です。一年で申しますと、夏の時期です。

私は、人生を大体百二十歳までと考えて、二十五歳ぐらいまでが春なのだと思っております。二十五歳から六十五歳ぐらいまでが夏です。家住期は働き盛り、豊かに繁茂《はんも》して、一家の大成を成すときです。

③林住期《りんじゅうき》**（ヴァーナプラスタ）**――子どもを成長させ親としての責任を果たした後に、第二の人生として人間の生き方を深く考えていく年代が六十五歳から九十歳までの実りの秋です。いわば人間としての黄金時代です。私はこの穫り入れの秋なくして何の春、何の夏ぞやと思ってい

るのです。

この時期が、精神的に人間の最も充実したときではないでしょうか。肉体の成長が止まると、人格の成長が始まると申します。そして、それが止まったとき、老衰が始まります。要するに人格の成長なきところから、老衰が始まるのです。人間は何歳になっても何かを勉強し、何かを求め、出会いの感動を持ち続けることで、若さが持続します。

④遊行期《ゆぎょうき》（サンニャーシン）——私は九十歳から百二十歳までといっておりますが、インドでは一所不住の身となって諸国を遍歴し、教えを説く人間になる時期を申します。

九十を過ぎますと、そこまで元気な方は少ないでしょう。でも、自分で自分のことができれば十分ではないかと思います。死ぬまで元気でいる、そして惜しまれて死ぬ生き方が望ましいのです。

●心と体、五つの調節法

私も来年（平成十年）二月に還暦を迎え、そろそろ林住期に入ります。そして人生を最後まで感謝しつつ、幸せに全《まっと》うしたいと念願しておりますが、『天台小止観《てんだいしょうしかん》』には、その準備として、五つの身心の調節が大事だと述べられています。五つとは食べるものの調節、睡眠の調節、体、呼吸、心の調節であります。

一、飲食を節する　――人間は食事をしないと死ぬわけですから、いただき方が大事です。私たちはいろいろ他の命のお布施《ふせ》を受けて、生かされているのです。まず、それを思わなければなりません。

仏教には「五観偈《ごかんげ》」という食前の言葉があります。これは、お食事が調《ととの》えられるまでの多くの方の苦労に感謝し、自分がそれをいただく資格があるのかと反省して欠点を発見し、お薬と思って時や量をわきまえ、人格を完成するためにお食事をいただきましょう、というお教えです。

二、睡眠をとりすぎない　――眠りというものは癖になってしまいますが、人間は起きていてこそいろいろな経験ができるのです。どのようにして起きている時間を長くするかは、一人一人の体調に合わせるほかありませんが、お釈迦さまは、お弟子さんたちが人間完成に向けて修行するために、睡眠の貪《むさぼ》りを戒めておられます。

私は五十代ですから、平素、睡眠は五時間と思っています。六十代になったら六時間、七十代は七時間、百歳になったら十時間です。年をとると体の回復力が弱るので、睡眠で補っていくのです。時間をどこで、どう調節ができるかは、深く短く寝るか、浅く長くするかだと思います。

ちなみに私は朝四時に起き、ＮＨＫラジオの『心の時代』を聴きながら、ふとんの上で真向法《まっこうほう》、ヨガなど柔軟体操をします。耳から心をときほぐし、同時に体も柔らかくいたします。

五時からは本堂のお薬師さまの前で、節のついたお経などを大きな声で三十分ほど称《とな》えますと、知らぬ間に腹式呼吸をしています。そして諸堂参拝、こうしてお参りさせていただけることはありがたいと、本当に喜んで念仏を唱えつつ、感謝しつつ堂参をいたしております。

三、調身《ちょうしん》　――体の調節、呼吸の調節、心の調節、この三つはよく似ておりますが、まず調身は、背筋を伸ばすのがポイントです。背骨を尾てい骨から頭のてっぺんまで、塔の中心柱が通っているかのごとくシャンとしまして、雲を突き抜けるような気持ちでグーッと伸ばすのです。
これは椅子に坐っているときでも、坐禅を組んでいるときでも同じです。姿勢は大事です。体の姿勢と生活の姿勢を正すということです。

四、調息《ちょうそく》　――呼吸法です。丹田《たんでん》、つまりへその下の方に意識を当て、フーッとゆっくり口から息を吐き、そしてゆっくり鼻から空気を吸います。イライラすると速くなりますが、呼吸をゆっくりとすると落ち着きます。心配事があると誰しも心臓がドキドキしますが、そういうときこそ、意識的に呼吸をゆっくりとしてみましょう。ゆっくり吸った呼吸が体にいいのです。また、人生もゆっくりとなり、長生きできるのです。

五、調心《ちょうしん》　――人間の心は、乱れていたり、沈んだり、ふらふらと揺れ動いてみたり、焦ったりします。定まらぬのが人の心ですが、そういうときにも意識を丹田あるいは鼻の先に集中しますと、揺れる心が落ち着いてきます。鏡がカーブしているとまともな顔が映らず、風が吹いて水面が波立つと映る影も揺らぐように、われわれの心が揺れ動いていると、正しい判断ができません。心を落ち着けることによって、すばらしい智恵が生まれてまいります。

●「great something」への感謝

私の全身の機能は、この私という命を生かそう、生かそうとして働いてくれています。こちらはいい気分で寝ていましても、心臓は働いてくれています。息もしてくれています。また、胃や腸は消化のために一生懸命頑張ってくれています。なぜか……。お命を生かすために、無意識のうちに体を守り、不思議な力を発揮してくれているのです。

したがってわれわれは、何か大きなもの、「great something」に生かされているのだという気持ちで、深く感謝しなければなりません。

「ああ、おかげさんだな」と感謝の念を心底持ちますと、人間の体は不思議と元気になってくれるのです。

（平成九年十月二十四日の講演）

戊寅の還暦を迎えて 道を思う

私は今年（平成十年）還暦を迎えます。正式の誕生日は二月九日ですが、私は寅年の寅月生まれだといっております。というのは、旧暦の正月は寅の月と呼ばれ、それは立春から啓蟄《けいちつ》までを指しているからです。

私自身は前々から、一生は百二十歳ぐらいまで生きることができる、還暦を二度くり返すという気持ちでおりましたので、今年からはあと半分の人生の一日一日を大事に生きたいと、さらなる決意をこめてこの新年を迎えさせていただきました。

ご承知の方もあるかと思いますが、「戊」は繁茂《はんも》する、茂るという字と同じ意味だそうです。

茂るのは喜ばしいことですが、あまりにも茂りすぎると枝葉が枯れ、根が上に上がって木の成長によくないので、剪定《せんてい》をしなければならないということです。それを世相にも当てはめますと、たとえばいま、新しい政党、野党がたくさんできています。枝が茂りすぎたので、少し整理しなければならない。自然界とよく似ているな、と思います。

「寅」の字にはウ冠がつきますが、ウ冠は家、屋根を表わしますので、家の中でお互いが手を結び、一致協力して生きていく意味を示すそうです。

現代の世相を見ますと、政治も混沌としており、経済も不安定な状態です。宗教の世界もまた何を信じたらよいのか分かり難い時代です。いろいろと錯綜《さくそう》する中で、整理の必要なところは整理し、その上で意見の違う者もお互いに協力してやっていこうという年ではないのかと考える次第です。

一息一息が一生。気持ちは常に青春

百二十歳の一生を春夏秋冬に分けますと、二十五歳までが春、六十五歳までが夏、人生の稔《みの》りの秋は六十五から九十歳、なかでも七十代が本当に充実し、最高の稔りのときであると、考えております。

どんなに精神的には若く、豊かであっても、肉体的に衰えていくことはやむをえない事実です。私は毎朝四時に起きて、我流の体操をした後、お堂で五時の勤行《ごんぎょう》をし、それから諸堂参拝をいたしますが、奈良の冬は寒いのです。七十歳を過ぎたら、冬だけは朝の勤行をやめて、持仏堂でお参りしようかと思っておりました。

ところが今年一月十三日の『産経新聞』夕刊で、曹洞宗永平寺の宮崎奕保《みやざきえきほ》管長のインタビューを拝見し、考えの甘さを思い知らされました。

奕保禅師は明治三十四年生まれ、九十六歳です。その禅師が、「毎朝三時に起きて、雲水さんと一緒に坐禅をされているのですか」と聞かれて、

「いや、二時じゃ、わしはぐずいから時間がかかるので、雲水よりも一時間早く起きて坐禅をするのだ」

と、おっしゃっているのです。

また、

「他宗は修行をして悟りを得るというけれども、われわれは修行する姿そのものが悟りなのだ」

と語っておられます。六十、七十で、朝早くお参りするのは体に悪いといっていたことが恥ずか

しく、バーンと警策《きょうさく》で叩かれた思いがしました。

禅師は毎日の修行が悟りなのだ、一息、一息が一生なのだ、とおっしゃって、一日一日、一息一息に全精力をつぎこんでおられます。

「日慎一日」の言葉もありますが、瞬間瞬間を一生懸命に生きていかれるそのお姿、「すばらしいなあ」と思いました。肉体は着実に衰えても、気持ちはたえず春なのだ、その気持ちがなければ、私たちはだめなのだと思います。

そのようなこころで、宮中「歌会始《うたかいはじめ》」の今年のお題「道」にちなんだ歌を詠みました。

還暦の　年を迎えて　今日よりは
　稔りの道に　入るぞ嬉しき

もろもろの　かげのお力　受けながら
　日々行く道を　味わい往かん

（平成十年一月二十六日の講演）

涅槃に至る「捨」の心

お釈迦さまがお隠れになられたのは、紀元前四八六年とも四八三年ともいわれますが、日にちは日本では二月十五日になっております。

涅槃とは煩悩の火を吹き消した状態

涅槃《ねはん》は、インドのニルヴァーナという言葉をそのまま漢音訳したもので、意味は、燃えているろうそくの火をふっと吹き消した状態です。つまり、人間の本能から生じるさまざまな煩悩《ぼんのう》が消え、精神の動揺がなくなった状態を涅槃と申します。これはインドの宗教の一つの理想でもありました。インドの古代の宗教が、すでに人間の根本の煩悩を捨てた、心の安らかな状態を求めていたのです。

お釈迦さまは三十五歳のときに悟りを開かれ、精神的には動揺のまったくない、寂静《じゃくじょう》の境地におられました。しかし、人間は生きている限りにおいて食べなければなりませんし、睡眠の時間も必要です。ですから、生きる最低の煩悩というもの、肉体を支えるために必要な煩悩は、必ずあるわけです。それはまだ、完全な涅槃とはいいません。

ところが亡くなられますと、もう食べるものも睡眠も一切のことはいらないので、その状態を完全なる涅槃、パリニルヴァーナ、また偉大なる完全な涅槃、マハーパリニルヴァーナというわけです。

では、われわれも死んだら一緒ではないか。死んだら食べたくもないし、あれが着たい、これが欲しいと思いません。だから、お釈迦さまの涅槃と同じではないか。それで、死者を「仏さんになった」というようになったのだと思います。

でも、われわれは死の瞬間まで財産が気になり、こだわりを持ったまま死を迎えますから、肉体は滅びてもまだ迷っているような気がいたします。外見上は似ていましても、その中身はどうも違うのではないかと思うのです。

悟りとは涅槃の寂静と菩提の智恵の活動

ただ心の静かな状態を望むならば仏教でなくてもいいのですが、仏教はすべてを捨てることが根本であり、捨てることにより煩悩が取り除かれた涅槃の境地において、菩提（悟り）の智恵を得ます。

智恵を得たならば、その智恵を生かし、慈悲の心をもって人々を救う働きをしていきます。同じところに留まらず、生死の間に拘泥《こうでい》しないで積極的に人さまの幸せのお手伝いをするので、「無住処涅槃《むじゅうしょねはん》」というういい方もします。すなわち煩悩を転じ、慈悲の心を得て働くことが智恵の完成です。

この前、「唯識《ゆいしき》」の教えを大変わかりやすく語ってくださる太田久紀《おおたきゅうき》先生のご本を読みましたら、「ヨガの死体のポーズ」の話が出ていました。

奥さまがギックリ腰になって動けなくなられましたが、翌日になるとケロッとして茶碗を洗っていらっしゃる。痛みはどうしたのか、と尋ねられると、「もう治りました。ヨガの死体のポーズをやったんです」という答えだったそうです。

死体のポーズとは、上を向いて寝て、全身の筋肉の力を抜き去り、じっとしているポーズです。

それで太田先生は、「なるほど」と思われた。私たち人間は、つい自分の地位や、財産や、プライドにこだわり、悩みます。とらわれて腹が立ちます。それを捨てたところに、安らかな心が得られるのではないかと、思われたというのです。

中学生が刃物で先生を殺した事件がありましたが、刃物を持つ・使う前に、争いの心を捨てる努力が必要なのです。

お釈迦さまは王子の位を捨て、妻や子どもを捨て、我欲を捨て、すべてのものを捨てられました。家族への愛まで大きな慈悲で捨てられたお釈迦さまこそ、まことに涅槃に至る「捨」の実践者であります。

（平成十年二月二十七日の講演）

哀悼　高田好胤管長

昨日（平成十年六月二十四日）の高田好胤《たかだこういん》管長の密葬で、お棺を捧持して寺内を一周し、命を賭して再建された白鳳伽藍《はくほうがらん》を最後にご覧いただきました。その際に子どもたちまでが「管長さーん」と別れを惜しんでくれました声が、まだ耳に残っております。

●「若い人たち、頼んどくで」と……

かえりみますと薬師寺白鳳伽藍の再建は、管長さんと私ともどものお師匠さん、橋本凝胤《はしもとぎょういん》先代住職の夢であり悲願でした。戦時中に論文にまで書かれたその夢は、時代も災いして叶いませんでしたが、お師匠さんは、「人さえ育てておけばいつかは実現してくれる」と、全精力を傾けて、鬼より怖いほどに私ども弟子の教育に当たられたのでした。

一方、戦後間もなくの薬師寺は参詣客も日に二、三人と少なく、年に一回の花会式《はなえしき》のご浄財が収入のすべてといった状態でした。それで、若き日の管長さんは、学校の先生になって寺を維持したいと、お師匠さんに話をされたことがあったそうです。しかし、返ってきたのは「二足のわらじを履くな」という一言。「それでは死んでしまいます」といいますと、

「喜んで死ね。お前が一生懸命に仏道修行をして死んでも、罰は当たらん。罰が当たるのは、お前を食わさなかった世間の奴や、安心して死ね」

と、おっしゃったそうです。

そこで管長さんは「自分は、日本一の名僧になれる器ではないけれども、日本一の案内坊主にはなれるかもしれない」と、お参りの方々にお話を始められました。管長さんはジョークなどを飛ばされる闊達《かったつ》な半面、いったんこうと決められると、とことんやりぬかれる方でした、お話が面白いと口コミで修学旅行生が増え、毎日お礼状が来るようになりました。ある中学生からの一通に、「寺は金閣、庭は龍安寺、坊さん薬師寺ベリーグッド」とありましたそうで、そうした感

激、感謝の手紙が身心の癒しにもなっていたのです。

そして、昭和四十二年に、管長さんは四十三歳で住職になられ、就任と同時に金堂《こんどう》の復興を内外に宣言されました。同時に私は二十九歳で執事長になり、お写経による復興の実現を期しました。

当初、お写経勧進《かんじん》による復興ということは「裸で太平洋を横断するようなものや」とか「労多くして益少なし、やはり財界から金を集めなあかん」と、いわれました。しかし、私たちは理想を求めました。

管長さんの全国での法話は、お写経勧進のための行脚《あんぎゃ》でした。

高田好胤師

「暎胤、お堂を建てようと思ったら、人さんを立てなあかん。人さんを立てれば、人さんがお堂を建ててくれはるんや」

が、日頃の口癖でした。私はまさしく名言だと思い、座右の銘とさせていただいております。そういう基本的精神――貰うことを考えずに、まず与えることを考える布施《ふせ》の精神を忘れてはいけないということかと思います。

「同じ話をくり返しする。くり返しが力や」とも、よくおっしゃいました。三越（日本橋本店）での「まごころ説法」は、一回の休みもなく百四十三回続きました。全国で何千回の法話をされたか知りませんが、それを「最小の効果のために最大の努力を惜しまない宗教精神の大事さだ」と強調されていました。

おかげさまで金堂が再建でき、続いて西塔、そしていよいよ講堂の再建となりましたとき、管長さんは起工式の表白《ひょうびゃく》（決意表明文）で、「我老いたり」と述べられました。これに先立つ講堂の解堂式の際には、副住職はじめ私どもの名を呼んで、ご遺言のように「頼んどくで」とおっしゃいました。

いま、そのときのお顔を偲びつつ、見事に講堂完成の日を迎えてお心に応えたいと考えております。

（平成十年六月二十五日の講演）

人生の黄金時代

毎年九月になりますと、「日本は世界一の長寿国である」という新聞記事が出ます。新たに発表された数字で見ますと、現在は女性の平均寿命が八十三・八二歳、男性が七十七・一九歳で、まさしく長寿国です。

終戦の年、昭和二十年の平均寿命は、女性が三十七・五歳、男性が二十三・九歳でした。戦争と貧困によって命は縮みますが、今は戦争もなく、食べ物も豊かになり、医学の進歩と医療施設の充実によって長寿を保つことができるわけですから、本当に幸せなことであると考えます。

同時に、せっかくの長寿をいただきながら、ただ漫然と暮らすだけではもったいない。長寿社会をどう生きたらいいのだろうかと、皆さんお一人お一人が真剣に考えていただきたいと思います。

●六十五歳からは、自分で人生を作る時代

私はよく、「人生は六十五歳からが黄金時代です」と、お話をいたします。

六十五歳までは、多くの方が会社から与えられた仕事をしてこられたことでしょう。定年を迎えたときから、自分自身で人生を作っていく時代になります。ぜひ、新しい人生設計ができるのだと、とらえていただきたいと思います。

そうできた方が健康で長生きし、毎日を楽しく暮らすことができるのではないかと考えるのです。

前にお話したことがありますが、国連のカイロ人口開発会議（一九九四年）の行動計画で、「チャ・チャ・チャ」のスローガンが掲げられました。

現在は世界中が高齢化社会に変化する大変革のときであり、今こそチェンジのときである……。英語のチェンジはＣＨＡで始まりますから、チャです。また、それは人類がより良くステップアップする絶好のチャンスではないか。そのために自らがチャレンジするときなのだと、「チェ

ンジの時代に、それをチャンスととらえて、チャレンジしていく」ということで、「チャ・チャ・チャ」というわけです。それを見事になし遂げますと、チャーミングになり、チャンピオンになると思うのです。

何歳になっても、チャレンジする精神が大切です。人間の精神年齢は、生きることに対する欲望がなくなると老いるのです。人格の完成はなかなか達成し難いものでありましょうが、絶えず何かしようという目的を持つことが大切だと思います。

●人生の達人の言に学ぶ

若さには、キラキラと輝き薫る美しさがあります。年を取りますとそういう清新な美しさはなくなりますが、いぶし銀のような重みが出てきます。

薬師寺をご参拝いただきますと、東塔と西塔がありますが、東塔は一千三百年の風雪に耐えて、今日なお矍鑠《かくしゃく》と建っています。まさに貫禄です。

人間も同じことで、六十五歳を過ぎますと人生を耐えてきた深みが加わってまいります。私はそれが年を取った人間の素晴らしさだと思います。

私は、年齢を重ねてなおご活躍の方の言葉には、私たちが六十五過ぎを人生の黄金時代とする叡智が含まれていると思うのです。

作家小林秀雄の妹さんで、『九十三歳の伝言』を書かれた現在九十四歳の高見沢潤子さんは、「ない、ない尽くし」で生きているとおっしゃいました。高見沢さんは敬虔《けいけん》なクリスチャンでいらっしゃいますが、まさに『般若心経』の無の心です。

怒らない、憎まない、欲張らない、ぐちをいわない、くよくよしない、無理をしない、でしゃばらない、急がない、間食をしない、食べ過ぎない、自分のものを増やさない、の「ない、ない」を確固たる意志をもって貫いていらっしゃいます。

この言葉を、皆さまにお伝えするとともに、自分自身が実践させていただく決心をしておりま す。

（平成十年九月十八日の講演）

大講堂の立柱に思う

（平成十年の）十月一日、好天に恵まれました奈良薬師寺で、大講堂の立柱式《りっちゅうしき》の修礼《しゅらい》、いわゆるリハーサルを致しました。

一昨年、亡き高田好胤《たかだこういん》管長が起工式を厳修されて以来、皆さま方からのたくさんのご結縁《けちえん》を得まして、今、着々と工事が進んでおります。現在四十六本の柱が立っておりますが、柱というのは一本で立つことができません。横の柱と柱が互いに桁で結ばれて立つ柱を見ながら、建築と人づくりには共通点が多いように思いました。

建築は居住空間を作りますが、人間はよき社会や人と人との関係を作ります。また建築にはよい材料が必要ですし、技術も要ります。人間には健康な体と心が必要ですし、修練が肝要です。今回は大講堂の柱に思ったことをお話いたします。

互いに支えあい、自らがさらなる力となる柱

昭和四十二年に高田管長が住職として晋山《しんざん》されましたとき、「ぜひこの金堂《こんどう》を創建当初の建物に復興したい」と発願《ほつがん》されました。それは七十歳で引退された橋本凝胤《はしもとぎょういん》師匠の悲願でもありました。戦争がなければ、おそらく師匠の手でそれが叶いましたでしょうが、敗戦となり、お寺の建立などには世の中が向いてくださいませんでした。

師匠は、戦争中、「それでは人をつくろう、弟子さえ育てておけば、いつか彼らがやってくれるのではないか」と、弟子の教育に専念されました。

高田管長はその教育を全身に浴びて大きくなられましたので、何とかして師匠のお元気な間に金堂を復興したいと、晋山式に宣言されたわけです。

高田管長は長い副住職の時代を通じ、修学旅行の生徒たちへ一生懸命にお話をなさることを通して、仏心の種まき、人づくりをなさいました。そのお話には大変ユーモアがあって、若い人たちが引きこまれていくのです。そして最後に薬師寺の塔が写った白黒写真を紹介し、「この四枚

一組百円の写真が何組売れるかで、この学校の文化的レベルがわかるんや」と話しますと、皆が競って買われ、毎日千組、千五百組と売れていきました。

実は、私が『般若心経』のお写経で白鳳《はくほう》伽藍《がらん》の復興ができるのではと考え、あのお写経の筒を一生懸命に作って提案いたしました心底には、来る日も来る日も案内坊主に徹してこられた高田管長の姿がありました。

そして管長もまた、何百万人の修学旅行の生徒たちに話をしてこられた実績に支えられて、

「そうや、大衆の写経でできたらええな。できるんやないか」

と思われたのです。

昭和四十三年六月にお写経勧進《かんじん》を正式にスタートし、四十六年四月三日に金堂の起工式を致しました。そして、当初願いました百万巻という数字は、五十一年四月の金堂が落慶する前年、十一月二十七日に超えました。百万巻で金堂ができたのです。

「奈良七重　七堂伽藍　八重桜」と申します。この七堂伽藍は時代によって多少違いがありますが、金堂、講堂、食堂《じきどう》、塔、僧坊、鐘楼、経蔵です。つまり寺は全寮制度の学問所、修行道場であり、国際文化交流の場でもあったわけです。ですから私どもは金堂の復興に続いて西塔を、中門、回廊をと、千三百年前の七堂伽藍の再建に情熱を燃やしました。西岡常一棟梁《とうりょう》もまた、こ

の仕事を通して随分たくさんの大工さんを育てられました。

高田管長が二年前の大講堂起工式に書かれた「表白《ひょうびゃく》」の文面には、「我老いたり」の言葉がありました。そして志半ばに遷化《せんげ》されましたが、柱は一本立ちはできずとも、多くの柱の力を借りることで自らも力になって立っていきます。

高田管長の発願を残されたわれわれが担《にな》い、二〇〇二年あるいは二〇〇三年の完成に向けてのさらなる精進の道を歩みたいと考えます。

（平成十年十月二日の講演）

高田好胤管長を偲ぶ

――インド仏跡巡礼を終えて

このたび（平成十一年）亡くなられた高田好胤《たかだこういん》管長の衣鉢《いはつ》を奉戴し、導師を勤めて、インド仏跡巡礼の旅に上がらせていただきました。

好胤管長は病気を平癒し、弟子を連れて仏跡をもう一度巡礼したいと強く願っていらっしゃいましたが、叶わずに七十四歳で遷化《せんげ》されました。

それで私は、心中ひそかに七十四名のお同行のあることを願っていたわけです。そうしましたら不思議にもきっちり同数の方がお集まりくださり、お釈迦さまへの大講堂立柱《りっちゅう》のご報告を兼ねて、管長の思いを叶えさせていただきました。

お釈迦さまを身近に感じる四大聖地

お釈迦さまがお隠れになる前の、最後の旅の会話やお説法のことが書かれた『大般涅槃経《だいはつねはんぎょう》』というお経があります。その中でお釈迦さまは、嘆き悲しむ阿難尊者《あなんそんじゃ》に、「心配するな、この四つの場所に来れば、いつでも私に会うことができますよ」とおっしゃっています。

すなわち、お釈迦さまのお生まれになったルンビニー、お悟りを開かれた尼連禅河《にれんぜんが》のほとりのブッダガヤ、五人の僧侶に初めて法をお説きになったサールナート（鹿野苑《ろくやおん》）、そしてお隠れになったクシナガラです。この地では、いつでも私に会える、そして「よく涅槃に至るであろう」とおっしゃったとお経にあります。

このことが由縁《ゆえん》で、仏跡巡礼が始まるわけです。そして、今回の巡礼の最重点ポイントは、お釈迦さまが荼毘《だび》にふされたクシナガラの荼毘所で、一月三十一日、満月の夜に営む法要にありました。

荼毘所に祭壇を設け、好胤管長のお位牌と写真を飾り、西の空に日が沈む頃から法要を始めました。すると間もなく東の空から月が大きく昇ってきまして、荘厳の気の漂う中でお釈迦さまに対する報恩感謝と、管長の供養、同行の皆さまのご先祖の供養を営ませていただきました。

よく念仏と申しますが、念（おもう）という字は「今の心」です。瞬間、瞬間、今の心の中に仏さまを置くことが念仏であり、「ただ心だけでも仏を念い、ただ一度でも敬いの心を起こしたならば、また必ず涅槃《ねはん》が得られるであろう」と、お釈迦さまはおっしゃっています。

それは、いつ、いずこの地においても同じであります。しかし、やはり仏跡では、お釈迦さまを真に身近に感じさせていただくことができます。

皓皓《こうこう》と　明るく照らす　十五夜の
　月影さやか　釈迦の荼毘所は

●莚の贈り主との感激の再会

今回の旅には、もう一つ目的がありました。それは三年前の巡礼の旅で、好胤管長はお釈迦さまの母上である摩耶夫人《まやぶにん》の故郷、デーヴァダハにお参りになりました。そのとき、農家の軒先で莚《むしろ》を編んでいた親子から、莚を貰われました。それにいたく感激され、その後の法要の敷物としてお使いになったのでした。そして遷化されたとき、ご遺志によって、玄奘三蔵《げんじょうさんぞう》法師の例の如くその莚でご遺体を包み、棺にお入れしたのです。

今回その地で再び親子に出会い、以前に撮った写真やおみやげを渡すことができました。また近くの学校にも文房具を贈らせてもらいました。
今回は天気運がよくて仏跡の巡礼を順調に終えることができ、最後の夜、管長の喜びの涙とも取れる雨が雷鳴と共に降り注ぎました。
私の胸に『星影のワルツ』の曲で歌が浮かんでまいりました。

高田好胤管長の
衣鉢と写真を抱きしめて
インドの仏蹟を巡りて偲《しの》ぶ
七十四名の巡礼者
七十四名の人たちの
心の絆のありがたさ
〈二番・三番略〉

（平成十一年二月二十五日の講演）

心の師　星野富弘さん

昨年（平成十年）、私は還暦を記念して本を出したいと思っておりましたが、高田好胤《たかだこういん》管長が遷化《せんげ》されてそれどころではなくなりました。年内には無理かと思いつつも、百か日が過ぎた頃からまた書き始め、やっと『心の道しるべ』を書き上げました。

この本で、私は自分なりの仏さまの心を、あいうえお順で考えたいと思いました。「あ」は明るい心、「い」は祈る心、「う」は潤《うるお》いの心、「え」は円満な心、「お」は思いやりの心……と書き進め、最後は「ん」の心まで書きました。

講談社から出ておりますので、何とぞお読みいただきたいと存じます。私の文章に勝る星野富弘さんの美しい詩画十一点も収載されております。

●クリスチャンで「菩薩」の星野富弘さん

本の原稿をやっと書き終えた昨年末、目の不自由な方々のためのリーディングサービスの団体「はぐるまの会」の方が来られて、「星野富弘さんの詩画展を奈良で開きたいのだが、実行委員会の会長になってくれませんか」といわれたのです。

実は前に出した本には家内の絵を添えましたので、今回も家内に「あ」で始まる花、「か」で始まる花……を、挿し絵として頼んでありました。

ところが、星野さんの詩画を拝見しました家内が、「私の絵よりも、この星野さんの絵をお借りしたらどうか」と漏らしたので、会の方が「星野さんはクリスチャンですが、宗教、宗派を超えたおつきあいはすばらしいですね」と、電話をしてくださったのです。それがご縁の始まりです。

星野富弘さんは、大学時代に体操選手として活躍されたのち、中学校の体育の先生になられました。そして、模範演技で宙返りをしたときに、頸椎《けいつい》を脱臼骨折する事故に見舞われました。肩から下が全身マヒになりますが、頭に穴を開けて器具を入れるという手術でお命をいただかれ、そこから立ち上がってこられた方です。

九年間寝たままの生活です。それだけでもえらいと思いますが、にも関わらず口に筆をくわえながらすばらしい絵や詩をお書きになる方です。

黒い土に根を張り
どぶ水を吸って
なぜきれいに咲けるのだろう
私は大勢の人の愛の中にいて
なぜみにくいことばかり
考えるのだろう

「はなしょうぶ」という題の星野さんの詩です。

星野さん自身は、いろいろな方々のおかげで生かされたのです。なのに、なぜみにくいことを考えるのかという自己反省の詩ですが、星野さんのように深く対象物を見つめ、厳しく心の純度を高めてこられると、心中の一点の濁りでも大きく見えてくる、それがこの詩になったのだと思います。
仏教を簡単に申しますと「転迷開悟《てんめいかいご》」の四文字に納まります。迷いを転じて悟りを開くというのが、仏教の教えです。つまり、私たち自身が悟りに向かって、どのような気持ちで心を清めていくか、精進していくかが大事になるのです。
星野さんの詩を拝読するにつけ、信ずる教えは違いますが、これこそ絶えず精進する菩薩行であると感じます。私は人生の苦しみ悲しみ、辛さに耐えぬいた人は、すべてすばらしい人生の師だと思い、その心で次の詩ともつかない文を書きました。

心の師

「達磨大師は九年間　壁に向かって坐禅をされました　星野富弘さんも九年間　壁に向かって闘病されました　その結果　世界に通じ歴史に残る　まれ人に成ぜられました　私は　辛い苦しみの底で耐えてこそ　深くて広い純粋な愛の心が　芽生えることを　あらためて　教えられました　私は星野富弘さんを菩薩と呼びたい　いや神の子の降臨かもしれない」

（平成十一年三月二十二日の講演）

お命をいただいて生きる

（この講演が行われている平成十一年の）ちょうど二年前の十月十七日、高田《たかだ》好胤《こういん》管長が倒れられたときの法話が、お米の話でした。

また、高田管長は、毎年十月十六日の夜、伊勢神宮の神嘗祭《かんなめさい》（神さまに新米をお供えする神事）にお参りになっていましたが、私も今年、久しぶりにお参りしてまいりました。それらのことを含めて、今回はお米の話をしたいと思います。

●食事は薬であり、命である

日本人は紀元前四、三世紀以来、二千年以上にわたって稲作で命を養ってきました。『日本書紀』の巻第二によると、皇孫が高天原《たかまがはら》から豊葦原《とよあしはら》の千五百秋《ちいほあき》の瑞穂《みずほ》の国（日本）に降りられるとき、天照大神《あまてらすおおみかみ》が、これで人々の命を養うようにと、斎庭《ゆにわ》の穂をお授けになったとされています。

ところで中国では、およそ六千年もの昔、揚子江《ようすこう》の流域に稲作を持ち、世界の四大文明と並ぶほどの長江文明が、大きく発達していたことが発掘などで分かってきたということです。

祭祀の仕方などが日本と非常に似ているこの文明の民族は、およそ三千年前に漢民族に侵攻されてこの地を離れますが、一つの流れは日本へ、もう一つは内陸の雲南省に行ったと推定されているようです。かねてから雲南省の人々と日本人は似ているといわれていましたが、すると、高天原は揚子江流域にあり、そこから稲を携えて日本に渡来してきたのかと、私は興味深く思っています。

ともあれ、今、世界の米、小麦、トウモロコシなどの穀物貿易量は約二億トンだそうですが、日本はその五分の一を買っています。日本の国土は地球全体の国土の〇・三パーセント、人口は二パーセントです。

その日本がこれだけの食糧を買うことができるのは、先人を始め人々の努力のおかげですが、それだけ買えない国、食べられない人々がいるのです。

日本人とアメリカ人が三食のうち一食抜くと、他の国の十億人の食生活が営めるということです。日本人がこのまま安易に飽食を続けていると、やがて子孫が苦労する時代がやってくるのではないかと私は心中恐れを抱いています。だからこそ食事をいただく際には、先人のご恩、地球の恵みに感謝の心を忘れてはならないと、強く思うのです。

私たち坊さんが食事をしますときは、「二時食作法《にじじきさほう》」といってお経をあげます。現在は朝昼晩の三食が基本ですが、本来僧侶は二食が決まりです。

食事の際のお経には「展鉢偈《てんぱつげ》」、「受食偈《じゅじきげ》」、「粥偈《じゅくげ》」とさまざまありますが、一般の方々にお話するときには、『四分律行事鈔《しぶんりつぎょうじしょう》』という戒律のお経からとった「対食五観《たいじきごかん》」の偈をお話しています。

一、功《こう》の多少を計《はか》り彼《か》の来処《らいしょ》を付《はか》るべし。
二、己が徳行の全と闕《けつ》と多と減とを付るべし。
三、心を防ぎ過《とが》を顕すは三毒に過ぎず。
四、正しく良薬を事として形苦《ぎょうく》を済《すくわ》んことを取る。
五、道業《どうごう》を成《じょう》ぜんが為なり、世報は意に非《あら》ず。

高田管長は、この「五観の偈」に「六方礼拝《ろっぽうらいはい》」のこころを加えて考えられた感謝のことばを食事のたびに唱えてほしい、せめて最短の「喜びと感謝と……」のことばとともに、合掌して食事をいただいてくださいと、よくお話になっていました。

「東を向いてお父さんお母さんご先祖さま　南を向いて人生こしかた先生　西を向いて夫妻子ども兄弟姉妹《きょうだい》　北を向いて友だち　下を向いて仕事を手伝ってくださる人々　上を向いて神仏　謹みて六方を礼拝し奉る」

「喜びと　感謝と　敬いの心をもっていただきます」

という感謝のことばです。

食材はなべて動植物の命です。その命に感謝し、自らの健康を養う薬としていただくのだという心を、いつも忘れずにありたいと思います。

（平成十一年十月二十五日の講演）

健康と長寿

今、日本の人口一億二千七百四十七万人の平均寿命は、男性が七十八・〇七歳、女性が八十四・九三歳で、日本は世界一の長寿国です。

日本の平均寿命が延びた理由の一つは、小さな子どもの死亡率の低下です。生まれた子どもを健康に育てていく医学の進歩と同時に、昔はできなかった高齢者の手術もできるようになったなど、総じて医学の進歩が挙げられるかと思います。

もう一つは、食生活がよくなりました。かつては栄養失調で亡くなった方もありますが、豊かになった食生活が寿命を延ばしています。

さらにもう一つ、日本は五十年以上戦争をしていません。戦争による犠牲者のないことが、平均寿命を上げました。私たちはそれだけ幸せです。ありがたいことだと思っています。といって、人間は老・病・死から逃れられないことも確かです。老いの三苦といいましょうか、長生きをしますと、寝たきりになるのはかなわない、痴呆になるのは困る、孤独は寂しいという不安を誰しもが持ちます。

けれども私は、そういう不安を思いわずらうよりも、今日一日を一生懸命に生きることのほうが大切だと考えます。

健康は食事、適当な運動、心の持ち方から

これはお医者さまの話の受け売りですが、人間の体は使わないところがあると衰えていき、それを廃用性委縮というそうです。人間の大脳には新皮質・旧皮質・脳幹とありますが、中でも性欲・食欲・集団欲・喜怒哀楽などの情動を司《つかさど》る旧皮質を刺激することによって元気が出るというのです。

おいしいものを食べると元気が出る。食生活を楽しむのが元気のもと。皮膚と皮膚のふれあい、性生活も、皮膚の刺激で元気が出ると聞きました。

先日、『百歳だから伝えたいこと』の著者、明治三十五年生まれの塩谷信男さんにお会いしました。

塩谷さんは、人間にとって一番大切なのは「息をすること」、生きるとは、息をすることだと、「正心調息法《せいしんちょうそくほう》」を実践していらっしゃいます。

まず目をつぶり、鼻からゆっくりと体の中心まで深く吸い、息を止めて下腹部に力を入れ、臍《せい》下丹田《かたんでん》にため込むようにして、またゆっくりと吐き出すことを、一日に二十五回するとよいそうです。一度にやらなくても、五回して、また時間をおいて五回して……とやってもいいそうです。

また、心を重視されています。一つは正しい心を持つ。この正しいとは、ものごとを肯定的に、前向きに積極的に見るということです。そして、感謝の心ということをおっしゃっていました。

感謝の心は、すばらしい健康法

あるお医者さまが、死の直前の方に「今、何を一番したいですか」と質問しましたら、ある方は「道を歩きたいです」、またある方は「立ってみたいです」という答えだったそうです。

私たちは、歩くことも立つことも当たり前にできますが、老いてきますとそれができなくなります。今できることがどんなにありがたいことなのかに気づいて、深く感謝する……。前向きの姿勢も大切ですが、感謝の心もすばらしい健康法です。

大きなことではなく、目標を少し下げて望むことも、よいのではないかと思います。欲望をワンランク下げるのです。すると、感謝の心が生まれます。

どんなことにも感謝できれば、その人は幸せです。感謝する心がその人の幸せにつながっていきます。ああ、生かさせてもらってありがたいな、と感謝する。そして、病や苦しみは、これは何かの教えなのだと受けとめ、苦しみを「楽」に変えて生きていきたいと、私自身、願っています。

（平成十四年九月二十五日の講演）

立命の書『陰隲録』に学ぶ

私たちは、よく天命、あるいは宿命、立命などの言葉を使いますが、一体、命というものはどこから来たのか。先日お目にかかった聖路加国際病院理事長の日野原重明先生は、九十一歳（平成十五年）で現役のお医者さんですが、「命とは大宇宙から与えられたもの」とおっしゃっていました。

今回は、人の運命あるいは天命について、中国の明《みん》の時代、袁了凡《えんりょうぼん》の実話を記したという『陰隲録《いんしつろく》』からお話します。

ちなみに陰隲とは、『書経』の「惟《こ》れ天下、民を陰隲す」から取った言葉で、人の見ていないところでする徳行を指します。

●孔老人の百発百中の易と、雲谷禅師の喝破

袁了凡（若き日の名は学海）は代々医者の家系の人でしたが、幼いときに父と死に別れ、官吏になって立身出世を図りたいと考えていました。ところが母から「医者になれば生活の道も立ち、人を救うことができる。このことは父の考えであった」といわれ、医者になる勉強を始めたある日、慈雲寺で、雲南出身の孔老人という人に会いました。

孔老人は「わしは、邵康節《しょうこうせつ》という有名な易者《えきしゃ》から易を学んだ者で、あなたの一生を告げたいと思ってこの地にやってきた。あなたは国家の試験を受けて官吏になる人で、最初の県の試験には十四番目で通り、次の府の試験には七十二番目、そして道の試験に九番目で通る」と語ります。

さらに「五十三歳の八月十四日に表座敷で死ぬ。残念ながら、結婚しても子どもはできない」などといわれ、自分の一生はそのように天命で定まっているのかと、官吏になる道を選ぶ決心をします。

すると次第にそのような道になり、いよいよ南京の大学に遊学する前に、袁了凡は棲霞寺《せいかじ》というお寺を訪れます。そこで三日三晩、高僧の雲谷禅師《うんこくぜんじ》と坐禅の行をしますが、その姿にまったく

邪念がないので、感心した禅師は彼に声を掛けました。「どこで、それだけすばらしい修行をしてきたのか」と。

そして、易の話を聞き、「どうあがいても自分の一生は決まっているのだから」という袁了凡に、雲谷禅師はこういいました。

「なんだ、お前はその程度の人間か。確かに天命というものがあり、凡人はその流れに従って生きるのだが、非凡な人は天命には左右されない。運命とは自分で切り開き、幸福は自らの努力で手に入れるものである。このことに気づかずにいてどうするのだ」

と。

袁了凡はこの教えを聞いて大きく悟り、まず自分自身を深く内省して、現在の自分にはよい官吏になれる資質がないことに気づきます。そして、名前も非凡をめざす意味の了凡に改め、懸命に自己研鑚《けんさん》に励み、欠点を改め、妻ともども日々行った善事に丸をつけて記録しあい、陰徳を積みました。その結果、三千の善事に励んだ努力が天に嘉《よみ》されて子どももでき、五十三歳の年齢をはるかに超えた七十三歳まで生きたということです。

そして袁了凡は、わが子天啓にこう諭《さと》しました。

「お前の運命がどうなってゆくのか、私は知らない。だが、もしも運命がお前を高位高官に上らせてくれたとしたら、わが身がそれに値する人間かどうかをよく考えなさい。（中略）いつでも、外では人の困ることを救いたいと考え、内では自分の邪を防ごうと思い、つとめて日々にわが非を知り、日々に己の過ちを改めることをしなさい。このことを一日怠れば、一日を安易に過ごすことになり、一日進歩もないことになるのだ」

と。

死は誰にとっても避けがたいことでありますが、肝要なのはその日まで絶えず自らをみがくことを忘れずに生きなさい、人のために役立ちたいと努めなさい、ということでしょうか。

袁了凡の教えは、現代のわれわれにも通じる立命の説であると思います。

（平成十五年六月二十六日の講演）

快老を学ぶ

現在の日本は超高齢社会で、六十五歳以上の方々が、人口の一九パーセントを占めています。年をとってからの不安は、私も含めて誰にでもさまざまな形でありますが、その不安の大きな要因は、寝たきりになること、痴呆になること、孤独＝一人きりになることです。

薬師寺のご本尊の薬師如来は、私たちの心と体の病を癒してくださる仏さまとして長く信仰されてきました。したがって私も、以前から長寿で健康な方の生き様に、大きな関心を抱いてきています。

今回は、快い老いを過ごすためにはどうしたらよいかを、お話したいと思います。

●食事・運動・心の持ち方が、快老の三大要諦

人には、戸籍年齢ばかりでなく、生理的年齢、心理的年齢があると思います。戸籍年齢は変えようもありませんが、生理的、心理的な年齢が若く、生涯現役で生きぬかれている方には、その生活態度に、いくつかのすばらしい共通項があります。

①**クヨクヨしない。嫌なことを翌日に引きずらない。**心を切り替えると同時に、良い恵みには、心からの感謝を捧げることが肝要です。

②**正しい姿勢を保つ。**体が前屈みにならないように背筋をピンと伸ばし、正面をきちんと見ます。

③**筆まめに手紙を書く。**文字を書くことは脳に刺激を与えて若返らせ、言葉を忘れさせません。

④**よく噛んで食べる。**八〇二〇運動――歯のお医者さんは、八十歳で二十本の歯を残すことが望ましいとおっしゃいます。私は中学二年生のとき、「歯を守れ、歯は消化の第一戦」という標語を作りました。その語のごとく、現在歯は二十八本全部揃っていますので、ぜひ「八〇二〇」を実現し、生涯自分の歯で食べたいと願っています。

⑤**何かを続ける。**趣味でも何でも、やりだしたことを途中で放り出さずに続け、体によい生活

のリズムを覚えさせ、壊さないことが大切です。

⑥血圧を下げる。 日本人には、私も含めて、やや血圧の高い人が多いので、要注意です。

⑦肥満を避ける。 千数百万人の生命保険加入者によるデータによれば、一番の長寿は軽度肥満体、その次が標準体重でした。私も何とか標準体重の一割増ぐらいまでに下げたいと考えています。

⑧おしゃれをする。 おしゃれは、自分を実物以上に美しく見せようとする、偽善者のようなものかもしれません。しかし、形は心から生まれるもので、おしゃれはその人の美の追求の表現です。真・善・美・聖などの追求は、その人の脳を活性化させ、若さを保たせることになると思います。心が形を作り、形が心を作ってくれるのです。私が着ている衣も、その一つです。

⑨たばこを止める。 たばこは百害あって一利なしといわれています。できるだけ止めてください。

⑩深酒をしない。 適当な量はよいと思いますが、長寿の方に深酒はないということです。

また、快老を大きく左右するのはやはり食生活であり、食事を楽しむことを第一に、主食・主菜・副菜のバランスをよくすること、ご飯などの穀類をしっかりと摂ること、野菜・果実・牛乳・乳製品・豆類・魚などを上手に組み合わせて、日々の活動に見合った食事量を摂ることが大切です。

さらに私は、ぜひ感謝の心をもって食べていただきたいと願っています。私どもは毎食「五観《ごかん》の偈《げ》」を唱えてからいただきますが、高田好胤《たかだこういん》管長はそれを「喜びと感謝と敬いの心をもっていただきます」と約《つづ》めて皆さんにお勧めしていました。

口に入るまでの多くの方々のご苦労と、食物の命に心からの感謝をすることを忘れずに食べて、毎日の食事を良きエネルギーにしたいものです。

（平成十五年十月二十七日の講演）

お釈迦さま臨終の説法

毎年「涅槃会《ねはんえ》」が営まれる二月になると、私はお釈迦さまが亡くなられる前にお弟子さんたちに説かれた『涅槃経』の話をさせていただいています。

短時間で全容を語ることはなかなかできませんが、このお経は一体何を説こうとしているのかといいますと、その中心をなすのは三つの真理です。

「仏身常住《ぶっしんじょうじゅう》」――肉体は死によって失せても教えは法として残り、私たちがその法を聞くとき、いつでも共に生きておられるという真理です。

「悉有仏性《しつうぶっしょう》」――どんな人の心の中にも仏さまの美しい心があるという真理です。

「悉皆成仏《しっかいじょうぶつ》」――（悉有仏性であるので）誰もがことごとく成仏できます、という真理です。

自らの仏性を頼りに、心を掘り起こして生きよ

では、お釈迦さまは、臨終を前に何を教え諭《さと》されたのか。次にあげるのは、仏教伝道協会が刊行している『仏教聖典』の「お釈迦様の最後の教え」からの抜粋《ばっすい》で、私もお釈迦さまのご命日が近づくと、初心を忘れないために読ませていただいている一節です。

一、「弟子たちよ、お前たちは、おのおの自らを灯火とし、自らをよりどころとせよ。他を頼りとしてはならない。この法を灯火とし、よりどころとせよ。他の教えをよりどころとしてはならない」

人間、生まれてくるときも一人、死ぬときも一人です。自分自身が一番のよりどころではないか。また、教えそのものを灯火とし、他の邪教に迷ってはならないと、くり返して説かれています。

二、「弟子たちよ、これまでお前たちのために説いた私の教えは、常に聞き、常に考え、常に修めて捨ててはならない。もし教えの通りに行うならば、常に幸いに満たされるであろ

う」

聞慧《もんえ》、思慧《し》、修慧《しゅ》、「聞思修の三慧」といいます。まず外から知識を受け入れ、十分に思索して、実践せよと説いておられます。

「教えの要は、心を修めることにある。だから欲を抑えて己に勝つことに努めなければならない」

自分の怠け心に負けずに、勝つということです。

三、「弟子たちよ、お前たちはこの教えのもとに、相和し、相敬い、争いを起こしてはならない。水と乳とのように和合せよ。水と油のようにはじきあってはならない」

相和し、相敬う、和敬《わけい》です。そして、お釈迦さまご自身が悟られた教えを守り、それに従って行動しなければならない。そうすれば無駄なことに心と時を浪費することがない、と説かれています。

お釈迦さま涅槃像
（インド・クシナガラ）

四、「弟子たちよ、私の終わりはすでに近い。別離も遠いことではない。しかし、いたずらに悲しんではならない。世は無常であり、生まれて死なない者はない。今、私の身が朽ちた車のように壊れるのも、この無常の道理を身をもって示すのである。いたずらに悲しむことを止めて、この無常の道理に気づき、人の世の真実のすがたに目を覚まさなければならない。変わるものを変わらせまいとするのは無理な願いである」

五、「弟子たちよ、今は私の最期の時である。しかし、この死は肉体の死であることを忘れてはならない。（中略）私の本質は肉体ではない。悟りである。肉体はここに滅びても、悟りは永遠に法と道とに生きている。だから私の肉体を見る者が私を見るのではなく、私の教えを知る者こそ私を見る。私の亡き後は、私の説き遺した法がお前たちの師である」

お釈迦さまの臨終の言葉は、

「すべてのものは移り変わるのだ、怠ることなかれ。一生懸命努力せよ」

ということで終わっていると伝えられています。

自分の理性、仏性を頼りとして、汚れた心の中にもキラッと光る美しい心を掘り起こして生きよと、お釈迦さまは説かれているのだと思います。

（平成十六年二月二十七日の講演）

第四章

平和への祈りを

平和への祈り

八月は先祖の霊を供養する月であり、同時に戦争による犠牲者のご冥福を祈り、二度と戦争を起こしてはならないという強い決意を抱く月です。

本来、宗教家というものは、平和のための努力をしなければなりません。そして平和といいますとき、世の中の平和ももちろん大事ですが、原点である自分自身の心の平和、家庭の平和が大切です。一人一人の小さな平和が次第に大きくなり、世界の平和につながって参ります。

そう思いつつ、平和への祈りというお話をさせていただきます。

●自分のサイズから、深く広く世界の平和へ

インドのカルカッタで一生懸命貧しい方を救われたマザー・テレサさんに、次の詩があります。

沈黙（静寂）から祈りが生まれます
祈りから信仰が生まれます
信仰から愛が生まれます
愛から奉仕が生まれます
奉仕から平和が生まれます

教会でもどこでもいいのですが、心静かに瞑想しておりますと、自分自身の命の尊さに気づくはずです。私たちが生きているということはどういうことか。そこに思いを致すと、天地自然の恵みと、多くの人のおかげで生かされていることに気づき、感謝の祈りを捧げずにはいられません。この祈りから、さらに深く信仰が生まれます。そして万物の霊長といわれる人間に特有の、親への愛、家族を超えた他の人々への愛にまで、思いが広がります。同時に地球上の森羅万象か

らのご恩に対し、ご恩返しをしなければならないという気持ちが起きますが、人間は悲しいかな、そうした愛を他に振り向けることがなかなかできない生き物です。ただ、日々そう思い、祈り続けると、少しずつでもできてくるのではないかと思います。

マハ・ゴサナンダさんは、カンボジアの高僧です。庭野平和財団が、毎年世界の平和に貢献された方に贈っている平和賞を今年（平成十年）受賞され、ノーベル平和賞にも、三度ノミネートされていらっしゃいます。その方の詩をご紹介しましょう。

カンボジアの苦しみは深い
この苦しみから偉大な慈悲が生まれるのです
偉大な慈悲は　平和な心を築きます
平和な心は　平和な人を築きます
平和な人は　平和な家庭を築きます
平和な家庭は　平和な町や村を築きます
平和な町や村は　平和な国家を築きます
平和な国家は　平和な世界を築きます

生きとし生けるすべてのものが
幸福で平和に生きられますように　合掌

カンボジアは仏教国ですが、政治が変わると世の中も変わり、ポル・ポト政権のときには多くの学者、教育者、僧侶が殺されました。マハ・ゴサナンダさんはタイで修行されていたので危うく難を逃れ、宗教家は平和の実践が大事であると、平和運動に挺身していらっしゃいます。

この方は、また、ミャンマーで平和活動をされているアウン・サン・スーチー女史の「どうしたら平和が生まれるのでしょうか」という質問に対し、「五戒を守ること」と答えておられます。

五戒は、仏教的信仰心を持つ人が最低守るべき五つのことで、不殺生《ふせっしょう》、不偸盗《ふちゅうとう》、不邪婬《ふじゃいん》、不妄語《ふもうご》、不飲酒《ふおんじゅ》ですが、われわれはどの一つも実践できておりません。ただ、守ろうと日々努め続けることがいつか身につき、その人の性格になっていきます。

平和への祈りというと、何か大きなことに考えられがちですが、私たちの一人一人が自らの場で平和を保とうと努力すること。そしてつねに祈り続けることがスタートであり、大切なことです。

（平成十年八月七日の講演）

寛容と忍耐と思いやり

（平成十二年の）八月二十八日から三十一日まで、ニューヨークの国連本部で開かれた「世界宗教者・精神指導者サミット」に出席してまいりました。

事務総長はインドのジャバ・ジェイン氏が務められ、インドからは百二十人、日本からは伊勢神宮の久邇《くに》大宮司、延暦寺の渡辺座主《ざす》をはじめとする二十七名が出席しました。

世界各国のさまざまな宗教の方が発言されましたが、皆さん同じことをおっしゃいます。要するに、世界平和を実現するには、「寛容と忍耐と思いやり」が大事だというのです。

それならば、その通りやればいいのです。やらないから問題が起きます。どの宗教もすばらしいことを教義に掲げていますが、一方、宗教には一つ信じると他を排除する面があり、壁を作ることもあります。

人類の長い歴史の中で、宗教家はもちろん平和に貢献しましたが、戦争を抑制するどころか引き起こした面もあり、その責任について、宗教家は自ら考え、反省する必要があるということを、今、多くの人が感じています。

●「寛容と思いやり」で明日を平和の世紀に

今回、ダライ・ラマさんは招かれませんでした。「ダライ・ラマをなぜ呼ばないのか」というインタビューに、中国の代表団は「ダライ・ラマはどこの国の人間なのか。われわれは中国の代表だ」と答えたようです。そういうことでなかなか難しい問題があります。しかし在米のチベットの宗教家が発言したときは、会場から万雷の拍手が沸きました。

ダライ・ラマさんをダラムサラに訪ねてインタビューした本がありますが、そのやりとりにはきわめて感動的なものがあります。

たとえば「中国がチベットへ侵略してきたことをどう思うか」という質問に対して、「中国政府に対して、正しい心構えを持ち続けることは、苦しい戦いでした」と答えておられます。

正しい心構えとは、お釈迦さまが教えの中で説かれた、

「人を怨《うら》まない、憎まない」

ということです。「中国の侵略によって、寛容と忍耐を教えてもらった。中国に対して広い心を持つ修行を、私は今、させてもらっているのだ」という気持ちで、事態に対処されたのです。

国と国というような大きな問題ではなくても、夫婦、親子、友人、会社の上司と部下、いろいろな関係の中で、嫌な人や、会いたくない人はどこにでもいます。お釈迦さまも「怨憎会苦《おんぞうえく》」、怨む人や憎む人と会わなければならない苦しみを「四苦八苦」の一つとして教えています。

人間関係の難しさも、自分はこれで寛容と忍耐の修行をさせてもらっているのだと、相手の気持ちをも思いやる心を持てれば、変わってきます。

今回の「世界宗教者・精神指導者サミット」は、世界平和への十項目の決意文を採択して終わりました。決意文の十には、

「心の平和こそ平和な社会の基盤となるとの認識に立ち、心の平和という価値観を社会の人々と共有し進める（要旨）」

と掲げられています。

二十世紀の前半は、戦争の時代でした。後半は経済が大きな進歩を遂げましたが、その結果、

人間の心が物に偏《かたよ》りすぎました。

二十一世紀を真の平和の世紀とするには、一人一人の心のうちに平和を育むことが必要であり、そのために大切なのは、いかなるときにも平静に事態を見つめることができる、広い心の涵養《かんよう》です。

自らが広大な宇宙の一員であるという認識に立って、すべてを「広く、広く、もっと広く」と見ることが、平和の恒久的な確立に役立つと思います。

（平成十二年九月二十五日の講演）

怨みの報復は怨みを生む

二〇〇一年（平成十三年）九月十一日、アメリカで起きた同時多発テロ事件以来、一日のニュースの最初はアフガニスタン問題です。

今世紀こそ戦争のない世紀にと願うその初年度に戦いが起きました。幾分でも宗教がからんでいるという問題も含めて、本当に残念です。

●四苦八苦のお訓しの一つに怨憎会苦があります

お釈迦さまは私たちに、この世とは「一切皆苦《いっさいかいく》」、苦しみの世界だと、おっしゃっています。

まず、「生・老・病・死」の四つは、人間が自分でどうすることもできない苦しみであり、この四苦に、愛する人ともいつか別れなければならない「愛別離苦《あいべつりく》」、思わぬ怨《うら》みや憎しみに出遭う「怨憎会苦《おんぞうえく》」、求めても得られない「求不得苦《ぐふとくく》」、身心の苦しみの「五陰盛苦《ごおんじょうく》」を加えて、八苦を説いておられます。

今回の世界貿易センタービルの事件ほど、「この世には怨憎会苦が確かにあるのだ」という真実を、私の心に刻みつけたものはありませんでした。

この事件に対して、テロを撲滅するという大義名分のもとに、アフガニスタンへの空爆が行われ、一般市民の中に、巻き添えで亡くなる方が出ています。そこにまた、新たな怨みも生じます。

お釈迦さまの時代といえども戦争はありました。お釈迦さまも、ご出家後に自分の国が隣国に攻め滅ぼされる悲痛な経験を持っていらっしゃいます。

そのお釈迦さまが『法句経《ほっくきょう》』（ダンマパダ）の中で、怨みに対して怨みで報いてはならないと説かれているのです。

「彼、われをののしり　彼、われをうちたり　彼、われをうちまかし　彼、われをうばえり

かくのごとく　こころ執着する人々に　怨みはついに止むことなし　まこと、怨みごころは　いかなるすべをもつとも　怨みを懐《いだ》くその日まで　人の世にはやみがたし　怨みなきに

よってのみ　怨みはついに消えるべし　これ変わらざる真理なり」

怨みを持たないのが理想ですが、なかなかできることではありません。

法然上人のお父さんは武士でしたが、襲われて亡くなる直前、「仇討ちするな」と決然として遺言され、そのことによって法然上人はすばらしい宗教家になられました。これもお父さんが宗教の高い理想をわきまえた方であり、わが命を投じて、怨みの連鎖を断ち切られたことによるといえるでしょう。いざというとき、私にはそれができるかと省みつつ、感服しています。

●怨みを捨てたところに、平和と幸せが芽生えます

十月二十三日から三日間、ニューヨークに世界三十八カ国、百五十人の宗教家が集まり、「テロリズムを排し、正義に基づく平和を構築するための宗教家からの提言」を採択しました。

提言の一は、テロリストが宗教の名において行動したことによる宗教に対する誤解を解くこと。二は、犯人がイスラム教徒を名乗っていたことによる一般のイスラム教徒に対する不当な扱いを防止すること。三は、テロ犠牲者の冥福と神仏の加護による和平を宗教の垣根を越えて祈ること。四は、アメリカの軍事行動が、根本的な問題の解決にならないこと。以上の四項目です。

一方的に自分の主義主張や自国の利益を強調しすぎると、まとまりがつきません。宗教家自身

がもっともっと対話し、異文化を理解しあい、手を携《たずさ》える必要があることを痛感しています。

もし、誰かに怨まれたときは、謙虚に自らを見つめ、もし、あなたが誰かを怨んでいるとしたら、でき難いことではありましょうが、怨みを愛に変える努力をしていただきたいと願います。

どうぞ、あなたから変わってください。怨んでいる人が一番不幸であることを知り、怨みからは幸せな未来も豊かな命も芽生えないことを、悟ってください。

（平成十三年十一月十九日の講演）

暴力の文化から平和の文化へ

新聞紙上でもご紹介いただいていますが、私はこの（平成十五年の）八月十六日をもって、薬師寺住職（管主）の重責を松久保《まつくぼ》秀胤《しゅういん》現長老から引き継ぎました。また、興福寺と薬師寺が法相宗の大本山ですが、両寺を兼ねた宗派の管長の職も務めます。

私は昭和二十五年五月五日に薬師寺に小僧に参りました。そして同年八月十六日午前零時に得度式をさせていただき、水を浴び剃髪《ていはつ》をして、これから生涯、僧侶として修行していくことを誓いました。

それから五十数年の歳月を重ね、このたび、記念すべき八月十六日に「印鑰継承式《いんやくけいしょうしき》」に臨みました。印は印鑑、鑰は鍵です。松久保住職からそれらを受け取りましたとき、ズシリとした尊い重さを感じました。

未熟短才ではありますが、これからは印を押す都度《つど》、全責任を負わなければならない。その責任を私に強く思わせる重さでした。

二十一世紀に資する宗教者の道

これからの薬師寺の姿を思いますとき、その大きな一つとして、世界平和への貢献がありましょう。

二十世紀の半ば、昭和十六年に日本が参戦した太平洋戦争は、わずか四年間でしたが、すさまじい傷跡を残しました。私もまた、父を現在のニューギニア島の西端、マノクワリで失っています。

あの戦争で父なき子となった私だけでなく、日本国民は骨の髄から戦争を嫌ったはずです。二度と戦争はしない、したくないと、「日本国憲法」に軍備を持たないことを掲げました。それがこのところ、北朝鮮の問題などもあり、憲法で軍備を持つことを認めよという空気も芽生えてきています。

実は、毎年一回、日本で国連軍縮会議が開かれているのですが、私は明日（十九日）この国連軍縮大阪会議で、ＷＣＲＰ（世界宗教者平和会議）日本委員会の非武装・和解委員会委員長として、十分間の提言を行います。

ＷＣＲＰは、ベトナム戦争が真っ最中の危機的状況において、宗教は今こそ手を取り合わねばならないと、異なる伝統的宗教・教義を持つ宗教者がその相違を乗り越えて京都に集まり、結成されました。

大会の基調講演は、ノーベル賞受賞者の湯川秀樹博士による「軍備なき世界の創造」でしたが、世界平和のためには、宗教間が平和でなければならないことが真剣に話し合われました。

また、宗教は違っても霊性において深く繋がり、倫理を共有し、平和をもたらすために軍縮・安全保障の道義的、倫理的な側面の重要性を強く訴えていく責任があることを確認し合いました。

私が委員長を務めますＷＣＲＰ日本委員会の非武装・和解委員会は、この意を体して、地雷禁止条約批准《ひじゅん》のための署名運動、国連軍縮会議への参加、平和外交への参画、いのちの平和を人間共通の願いとした世論喚起などに努めてきました。

お釈迦さまは、

「生きとし生けるものは幸せを求めている。もしも暴力によって生きものを害するならば、その人は自分の幸せを求めていても、死後には幸せが得られない」（『ダンマパダ』一三一）と教えられています。

また、

「世界に対して無量の慈しみの意を起こすべし。上に下にまた横に、障害なく、怨みなく、意なき慈しみを行うべし」（『スッタニパータ』一五〇）

と説かれています。

怨み、嫉《そね》みの心は誰にもあります。そこから争いが起きます。戦争は人間の仕業と断じ、戦争を絶対に起こさない固い決意と信念を持ち、平和的手段を行使し誠意を尽くすならば、戦争は回避できます。

宗教者には、憎しみの火を消し、二十一世紀を、暴力を排して対話と共生の精神による平和文化構築の時代にする大いなる役目があると、私は今、覚悟を新たにしている次第です。

（平成十五年八月十八日の講演）

仏教と平和

――日常生活と仏の戒

今年（平成十五年）十月末に、日本、中国、韓国の僧侶が京都に集まり、「日中韓国際仏教交流協議会」日本大会が開かれました。

今回は、このとき論議されたことをお伝えしたいと思います。

●等しく釈迦の御弟子として、共通の立場で論議

この会のそもそもは、平成四年に薬師寺の玄奘三蔵院《げんじょうさんぞういん》の篇額《へんがく》を、中国仏教協会の趙樸初《ちょうぼくしょ》会長に書いていただいた際、除幕式にお招きしたことに始まります。そのとき、京都で宗派を超えた

大歓迎会が開かれました。そこで「これを黄金の絆《きずな》として、日中韓の坊さんが手を結び、平和のために協力しよう」となり、翌五年から大会が催されました。

日本、中国、韓国の人の顔は似ています。千数百年にわたる交流の歴史もありますが、昭和十二年から中国との戦いがあり、南京大虐殺などが行われました。韓国との間には韓日併合があり、どちらの国にも、根底に反日感情が残っています。

最初、私の心中には、果たしてうまくいくだろうかという懸念がありましたが、それは杞憂《きゆう》でした。国は違っても、僧侶には「仏弟子」という共通項があります。「怨みに報いるに、怨みをもってするな」というお釈迦さまの教えを基盤に、三国の僧たちが協力してそれぞれの国民に訴えていけば、、将来、必ず平和は訪れると思うに至っています。

日本大会で、三国が一字一句額を寄せあって書いた共同決議文を、ダイジェストでお伝えします。

「……思うに、平和な世界の顕現を待望する心は人類共通の願いであり、紛争の渦中に在る人々の心の中には、自らの信条に即した世界のみを築くことを理想としている場合もある。しかし、そこには他者の存在を許容する意識が希薄なのではなかろうか」

ひょっとしたら、今、中近東における戦争の最中にいる人の心に、あるいはまた日本の宗派仏教の方々にも、自分の宗教のみが正しく、他は認めないという危険性があるのではないでしょうか。

しかし、一千年、二千年と続いている宗教には、人の心に喜びと感動を与える真理や永遠なるものがあると、私は考えます。人間の心に等しく、不変に宿る知情意を根底に、世界の宗教者が手を結ぶことが、現在最大の課題であり、必要なのです。

「釈尊が示された教えを信奉し、大乗戒を共に戴く我ら三国の仏教徒は、『父母、師長、三宝に孝順せよ。孝順は至道の法なり。孝を名づけて戒となす……』とされる戒の心を日常生活に活かすことから『和』が生じ、自他無差別の『共生』の境地が現われると信ずるものである」

戒というと、難しいことのように思われますが、要は、人間らしい美しい生き方をすることです。

「我々三国仏教徒は、『慈悲心、孝順心』を以って現在の世界が民族紛争等の諸問題を抱えて激化する対立抗争関係を終わりに導き、人それぞれが信ずる『仏』の御名の下、『殺すな、盗むな、嘘つくな』といった共通する条項をもつ戒律を根本として、『命を守る、布施をする、真実を語る』を積極的にすすめ、真なる世界平和の実現のため精進することを誓うものである」

さて、戒律を守る生活とはどうしたらいいのでしょうか。誰もの心に潜むおぞましい心、嫌な心に気づいたときが、転換＝チェンジのチャンスです。

仏教で説く三つの生活規範——すべての悪を断ずる「摂律儀戒《しょうりつぎかい》」、すべての善を実行する「摂《しょう》善法戒《ぜんぼうかい》」、利他の心ですべての衆生を救済する「摂衆生戒《せっしゅじょうかい》」——から、平和への道が切り拓かれます。

そう信じて、自分を変えてみてください。また、それを実現するには、知識を吸収するばかりでなく、それを智恵に変えることが大切だと考えます。

（平成十五年十一月十八日の講演）

「まほろば」を求めて

このたび、故高田《たかだ》好胤《こういん》管長の七回忌を期して「薬師寺21世紀まほろば塾」の開塾をと願い、六月に発会式をさせていただきました。

今回はこの「まほろば塾」の発足にちなみ、日本をまほろばの国にするには、皆がどういう心をめざせばよいのかを、お話ししたいと思います。

●「まほろば」は国を褒める言葉、懐かしむ言葉

やまとは国のまほろば　たたなづく青垣　山ごもれる　やまとしうるはし

『古事記』に出てくるこの歌は、倭建命《やまとたけるのみこと》が伊吹《いぶき》山の神を退治した後、杖にすがって三重県の能褒野《のぼの》までたどり着いて詠じた歌とされています。

また『日本書紀』には、その父君の景行《けいこう》天皇が熊襲《くまそ》を退治して日向まで戻られたときに歌われた歌として、同様な歌を掲げています。「まほろば」は、素晴らしいところ、懐かしいところ、中心地の意味であり、この歌はわが国の褒め歌として、古くからあったようです。

昭和四十五年、アジアで初の万国博覧会が大阪で開かれた当時、薬師寺住職であった高田管長は、日本が「物で栄えて心で滅ばないように」と、講演や著書で盛んに警鐘を鳴らしておりました。

その頃、松下幸之助さんが高田管長に、

「高田はん、このまま行くと日本人はおかしなものになります。何とかしてこれにブレーキをかけないかん、心の復興をせないかん、あんたが中心となってなんかやってくれませんか」

と、訴えられました。

当時の高田管長は四十代後半の若造です。片や松下さんは、八十歳になろうとする大経済人です。その方が小さな宗派の若い住職に、大事を下命されました。

高田管長は責任を大変重く感じられ、日本人の心を語り継ぐ会をと、親しい方々と語らって結成されたのが「日本まほろばの会」です。

私は、昨年（平成十五年）晋山《しんざん》しましたとき、高田管長の遷化《せんげ》後閉会になっていたこの運動の継承こそ私の仕事であると考え、このたび新たに発足が叶ったわけです。

●「まほろばの国」をつくる「まほろばの心」

では、私が思い描く「まほろばの国」とは、どのような国でしょう。①空気や水が美しくて、自然環境が保たれているところ。②土壌が肥えて、穀物や野菜が豊かに生産できるところ。③善き政治が行われているところ。④経済が繁栄し、豊かな生活ができるところ。⑤人間性を高める文化活動が、盛んに行われているところ。⑥戦争や窃盗《せっとう》のない、平和で安全に暮らせるところ。⑦弾圧や人種差別がなく、自由で平等に生活できるところ。⑧教育機関や制度が充実し、好みに応じて学習できるところ。⑨医療機関や社会福祉が充実し、安心して幸せに療養できるところ。⑩衣食住が充足し、家族や近隣の人が助け合い、円満に暮らしているところ……です。

そして、そういう国づくりのために皆で目指してゆくのが、十カ条の「まほろばの心」です。

一、**慈悲の心**＝人のために尽くせるのが人間の美しさです。
二、**感謝の心**＝幸せは、日常に感謝を見出す所にあります。
三、**謙虚な心**＝恥を知る。自分の至らなさを発見することです。
四、**敬いの心**＝神仏、自然に畏敬の念を持ち、相手を尊重することです。
五、**空の心**＝かたよらず、こだわらず、とらわれない心です。
六、**喜びの心**＝明るく前向きな心です。
七、**信ずる心**＝素直さ、祈り。信じることに尊さがあります。
八、**浄らかな心**＝欲を持たないことです。
九、**和の心**＝人間関係を良くしていこうとの心です。
十、**禅定《ぜんじょう》の心**＝心を安らかにすればよい判断、智恵が生まれてきます。

皆さまもこの「まほろばの心」は、ご自身で実践するところにこそ意義があると、どうぞお考えください。

（※現在は「感謝の心・慈愛の心・敬いの心・詫びる心・赦す心」の五カ条にしています。）

（平成十六年六月二十八日の講演）

平和への道

今、世の中は特にイラクの戦争のことがあり（平成十六年当時）、平和を願いつつも、なかなか平和が来ない状況に置かれています。

そういう今年の夏、私は思いがけなくも吉野の金峯山寺《きんぷせんじ》・蔵王堂《ざおうどう》の権現《ごんげん》さまの前で、地球平穏と世界平和を祈念する護摩加持《ごまかじ》の導師を勤めさせていただく、あるいはまた、天台宗の比叡山《ひえいざん》で開かれた世界宗教者平和の集いで、法話をさせていただくなどの、貴重な体験を重ねました。

八月十六日から二十三日までは、イランに行きました。昨年イランに震度七を超える地震があり、二万六千人が亡くなりました。それで私が所属するＷＣＲＰでご寄進をしましたが、それが女性の孤児の仮設住宅の建設に使われたので、視察かたがた宗教者の方との対話を念願して行ったのです。また、これからの日本人は、もっとイスラム教のことを知らなければならないということで、その打診の意味もありました。

私も学ばせていただいて、ずいぶんイスラム教に対する認識が変わりました。

右手にコーラン、左手に剣

日本人の中には、アメリカのツインタワーもイスラム教徒がやったとか、チェチェンもそうだとか、イスラム教は悪の根源だとするような感があります。

それは誤解です。どの宗教もすばらしいことをいっています。ただ、その宗教を信奉する人間がなかなか教え通りに実行できないので、それが宗教＝宗教者と思われ、誤解を生んでいるのです。

イスラムの教えについて、よく「右手にコーラン、左手に剣」といいますが、今回、私が行って思ったことは、右手にかざすコーランは、神の啓示の教えです。剣は、武器で人を殺すことではなく、不屈の精神ではないかと思います。これは少し美化しすぎた見方かもしれませんが、要は、慈悲と不屈の精神で生きることかと思いました。

二〇〇一年九月十一日のテロ事件の二日後に、世界ムスリム連盟総裁、国際対話イスラム・フォーラム総裁ほかが、ブッシュ大統領に哀悼の書簡を出しています。

それを読みますと、まず、「イスラムの諸々の価値と教えが一切の暴力とテロリズムの行為を完膚《かんぷ》なきまでに拒絶しているという事実を強調しておきたい」と述べ、

「イスラムでは、正当の理由なく一人の人間を殺すことは全人類を殺すのと同じものであり、一人の人間の生命を救うことは全人類を救うことと同じであるとされております」

と、強く、訴えているのです。

これがイスラム教の人々の本当の心情だと思います。私たちには、イスラムは恐いという先入観が余りにも強いのですが、それは正しい認識ではありません。たとえば「ジハード」は「聖戦」と訳されていますが、本当は神の教えに従って努力するということで、仏教の精進努力と同じことです。

私たち自身が、誤った認識をしていたのです。

イランでは、いろいろな方に会いました。ゾロアスター教（拝火教）の方々もそうですが、その思想や習慣の中に、仏教の盂蘭盆会《うらぼんえ》に似たものや、正しく思い、正しい言葉を語り、正しい行いをすれば必ずよい結果が得られるという、善因善果・悪因悪果の因果思想と同様の思想がある

のを知りました。

イスラム教徒の「六信五行」――「アラーの神を信じる」、「すべての啓典《けいてん》を信じる」、「すべての預言者を認める」、「天使を信じる」、「来世を信じる」、「天命を信じる」は、多くの宗教と共通点があり、この六信のもと、信仰告白、礼拝、喜捨、断食、メッカ巡礼の五行を実践しておられます。

宗教の問題は、歴史や政治、国益と絡んでそう簡単にはいきません。

私たち宗教者は、自らを知ると同じように他を知ること……。そこから始めて、世界平和への努力をしなければと学びました。

（平成十六年八月三十日の講演）

イランの旅

今年（平成十六年）八月十六日から二十三日まで、イラン南東部ケルマン州バム市を中心に訪問してまいりました。

直接の目的は、昨年十二月の大地震で親を亡くした孤児の養育施設に、私の所属する世界宗教者平和会議から寄贈した六十人ほどが入れる仮設住宅の使用状況の視察であり、もう一つは、ハタミ大統領がイランの国をさらによくするために文明間対話を強調しておられます。その一環として諸宗教の方との対話のために参りました。

イランの方々は非常に宗教心が篤く、多くの視察先で「祈ってほしい」といわれました。そのつど『般若心経』を唱えたり、昔覚えたイスラム教のアラーを讃歎する短い言葉を唱えたりして友情を深めてきました。

●仏教の教えに通じるホメイニ師の心の言葉

革命を起こした故ホメイニ師の研究所や住んでいた家にも行きましたが、小さな台所とソファがあるだけの六畳一間ぐらいの部屋で、ちょうどガンジーを思わせる質素な生活をされていました。

ホメイニ師の書かれた『金言名句集』は、各国の言葉に翻訳されています。その中に、仏教の教えに通うところが多いことを改めて知りました。

「自己の内面の革命を行い、自己を変え、清め、善人とならしめよ。もし今まで悪魔に従っていたならば、そのようなことからは足を洗い、今後二度と悪魔に従うなかれ。もし汝自身の内面が清浄化されていなければ、汝は真理を決して理解することはできない」

これは、仏教でいうならば、お釈迦さまを含めた七人の仏さまがおっしゃった「七仏通戒偈《しちぶつつうかいげ》」とまったく共通しています。

「諸悪莫作《しょあくまくさ》　衆善奉行《しゅぜんぶぎょう》　自浄其意《じじょうごい》　是諸仏教《ぜしょぶっきょう》」

——もろもろの悪をなすことなく、もろもろの善をなして、心を浄くせよ。自分自身の心を浄化することで、初めて永遠なる真理が見えるようになるという、心の浄化の教えです。

「人間はみな神の前に平等であり、かつ、人は皆兄弟である。唯一気立てがよく品行方正であり、敬虔なものだけが、他の人間よりも高い地位を存するのである」

お釈迦さまも四姓《ししょう》平等——人間には生まれながらにして卑しい、尊いということはなく、行いによって、卑しくも尊くもなる。だからこそ修菩薩行《しゅぼさつぎょう》——菩薩行に努めよと、強調されております。

「忍耐力こそはあらゆる至福への道を開き、また不運から人間を救済するのである」

布施《ふせ》・持戒《じかい》・忍辱《にんにく》・精進《しょうじん》・禅定《ぜんじょう》・智恵《ちえ》の六波羅蜜《ろくはらみつ》という修行が仏教にもありますが、辛抱する、忍耐することが大事であると……。ホメイニ師は息子を殺されるという辛い体験に耐え、最後は宗教による幸せの道を切り拓かれました。「忍の徳たるや持戒・苦行も及ばず」という仏教の教えと同じです。

ゾロアスター教（拝火教）の方にもお目にかかりましたが、まことに平和的な教えです。善い心を持ち、善い言葉を語り、善い行いをするという三徳が根本思想であり、その実践に努め、しかも輪廻《りんね》を信じています。ゾロアスター教では、十歳ぐらいの子どもにも戦争の過《あやま》ちを説き、戦争から離れろ、武器を捨てろ、平和のために努力しろと、毎日毎日いっているそうです。こういう教育も大事なことかと、多くの収穫を得て帰国しました。

実は、一昨日、私は永平寺で、数え年百四歳になられる曹洞宗の宮崎奕保《みやざきえきほ》管長にお目にかかってきました。そのとき、いまの若者や僧侶に期待されることは何かとお尋ねしましたら、

「素直になることやな」

というお答えでした。

われわれ自身、目に見えない大きな力によって生かされています。そのお力、お慈悲を真摯《しんし》にいただいて、素直に生きていくことが美しい人間の生き方なのでありましょう。

(平成十六年九月二十七日の講演)

名月を仰いで仏国土を思う

ちょうど一カ月前の九月二十八日（平成十六年）、薬師寺の玄奘三蔵院《げんじょうさんぞういん》で観月会《かんげつえ》を営みました。昔から僧侶だけで済ます観月会を開いていましたが、今年は多くの方をお招きして法要をし、表白《ひょうびゃく》を読みました。その折に考えましたことを、お話したいと思います。

●仏の慈悲を素直に受け、輝いて生きる

人間は、光と熱と水がなければ生きられない生物です。空には太陽があって地球上に光を降り注ぎ、熱を与えてくれます。それゆえに、人は太陽に畏敬の念を抱き、洋の東西を問わず神とし

て拝むようになりました。お月さまも夜空に輝いて私たちを照らしてくれていますが、それは太陽の光を受け、反射して輝いているのです。ただし、その光は仰ぎ見て大変美しく、心に語りかけてくれます。

私も月を仰ぐうちに少し科学的なことに興味を持ち、調べてみますと、改めて月の存在に感謝の念が湧きました。というのは、地球が宇宙で浮いていられるのは太陽だけではなく、月の引力にも影響を受けているということです。もし月がなければ、地球の自転する軸が揺れ動き、気候も激しく移り変わるそうです。したがって、月は地球の安定に、大きな役割を果たしてくれているのです。

考えてみると、世の中には、太陽と月のように、相対的現象をなすものが数多くあります。たとえば、昼と夜、陰と陽、生と死、老と若、男と女、夫と妻、高と低、表と裏、大と小、強と弱、貧と富、美と醜、貴と賤など、まだまだ多くあります。

人間は、そのどちらかのみに多く惹かれ、実はそれが絶妙なバランス＝和合のうちに成り立っていることに目を向けません。本当は、対立する違い（差）をきちんと知った上で、いかに和合させるかが大事だということを、月を見て考えました。

人間もまた、太陽のように強く自己主張する力はなくても、仏さまの慈悲を素直に受け、それを照らし返せばいいのではないか。

自我を出さず、他との協調に努めるような生活をすることが必要ではないかと、思うに至っているのです。

平和の構築に通じる慈悲の心

今回は平和についてもぜひ語りたいと考えていますが、その一つに、第二次世界大戦終了後の、中国・蔣介石《しょうかいせき》総統の行動があります。

日本が敗れたときに、蔣総統は日本の将来に利する四つのことをしてくれました。その一つは、北海道を自国の領土にしたいというソ連（現在のロシア）の要求を拒否したことです。また、日本の天皇制の存続に関しては日本人の意思に委《ゆだ》ねる、日本人が決めればよろしいとしてくれました。戦争による損害賠償は一切請求しないこと、二十七万人という軍人を即刻帰還させることも、実行してくれたのです。

日本政府もこれらのことに対して長年感謝し、台湾政府を中国の代表として認めてきましたが、今、世界の趨勢《すうせい》は、その旺盛な経済力を背景に、大陸そのものが中国であると、北京政府との交流に移ってきています。私は、今こそ、経済交流を上回る心や文化の交流が必要だと考えています。

そう思いつつ、和の構築ということを念願して仏教聖典を読んでみますと、世の中には多くの国や社会がありますが、結局は、教えを中心とした宗教的な和合を生命とする集合体の、目指しゆく国が仏国土《ぶっこくど》だというのが、仏教的な見方です。

それにはどうすればいいのか。私たちが月光のように分け隔《へだ》てなく慈悲の言葉を語り、慈悲の行いをし、分かち合い、助け合うことが根幹になります。そうすれば小さな力でも集まって強くなり、平和な世界の招来に寄与しうることになると考えます。

（平成十六年十月二十七日の講演）

宗教心と宗教教育

先日（平成十六年）、民主党の岡田克也代表と、奈良で一時間ほどお会いする機会がありました。その折、私は今日、宗教というものは日本の教育からなおざりにされている。これは宗教者の責任でもあるけれども、国の政策の中でも、宗教教育をもう少し考えていただきたい、というような話をしました。

人間は、万物の霊長ともいわれ、確かに他の生き物とは違う面を多々持っています。いいところもあり、劣るところもあります。悲しいかな、今、奈良は小学校一年生の女の子が殺害された事件で「全国区」になっています。また、日本は豊かな国であるといいながら、年に三万四千人もの自殺者が数年続いています。性道徳も、とりわけ若い人たちの間で、驚き呆れるほど放恣《ほうし》に走っています。

これが今の世の中なのか。これでいいのか。私は国民の心の問題、生きがいの問題と取り組む宗教者の一人として、岡田代表にも、政教分離というけれども学校教育にぜひ宗教教育を入れていただきたいと、虚心坦懐《きょしんたんかい》にお話しした次第です。

●宗教とは人間の叡智であり、宗教心の所産

人間にはいろいろな欲望がありますが、第一に食欲・睡眠欲・性欲といった生きるための根本的な欲求があり、これは生物がみな等しく持つ生理的欲求といってよいでしょう。

第二には、自分というものを他から承認されたいとか、名誉や地位を得たいといった、対人関係における社会的な欲求があります。

第三の欲求は、「より望ましい自己」の実現に向かって努力するという、人格的欲求、知的な欲求です。それは自分の命を捨ててでも人を救うという崇高な行為や、宗教的な祈りにもつながります。

人間は本来そういう高度な精神性を持ち、何万年にもわたって多くのことを経験し、それを積

み重ね、いわゆる「文化」を形成してきました。宗教もまた人間が築いた偉大な文化の一つであり、心を尽くして蓄積してきた叡智であると考えます。

●戦後六十年で遠のいた宗教教育を、今こそ

昭和二十一年十一月三日発布の「日本国憲法」は、第二十条で次のように定めています。

第一項「信教の自由は、何人に対してもこれを保障する。いかなる宗教団体も、国から特権を受け、又は政治上の権力を行使してはならない」

第二項「何人も、宗教上の行為、祝典、儀式又は行事に参加することを強制されない」

第三項「国及びその機関は、宗教教育その他いかなる宗教的活動もしてはならない」

これをベースに、「教育基本法」の第九条では、「宗教に関する寛容の態度及び宗教の社会生活における地位は、教育上これを尊重しなければならない」と、一応うたっていますが、「国及び地方公共団体が設置する学校は、特定の宗教のための宗教教育その他宗教的活動をしてはならない」という条文により、宗教教育ができないのです。

このように定められた根底には、日本が昭和二十年八月十四日に受諾した「ポツダム宣言」に軍国主義の根絶があり、軍国主義の背後には国家神道の存在があるという当時の連合国軍の意向

がありました。ＧＨＱの「神道指令」で教育から神道を排除したことがどこかで行き違って、すべての宗教的要素が学校教育から排除されてしまったのです。

小欲を捨てて、人の幸を考える大欲に生きることを教えているのは、世界の宗教の共通点です。これは宗教心とも呼べましょうが、誰の心にもあるものです。宗教心があるから宗教が生まれたのです。信仰を押しつけるのではなく、そういう宗教の内容やなぜ宗教が必要なのかを教えることが、大事だと思います。

（平成十六年十一月二十九日の講演）

お釈迦さまはなぜ出家したのか

仏教には、お釈迦さまのご出家について「四門出遊《しもんしゅつゆう》」の説話が伝えられ、若き日のお釈迦さまが城門で老人、病人、死者、バラモンに出会われ、「生老病死《しょうろうびょうし》」の四苦を思われたのが原因とされています。

最近、ビーム・ラーオ・アンベードカルの『ブッダとそのダンマ』という本を読みました。

アンベードカルは、インドの最下層の階級から苦しい生活に耐えて米国や英国で勉強し、法律、経済を学んで政治を志した人で、マハトマ・ガンジーと同様に大きな力を持った政治家でした。

この方が、お釈迦さまの出家には、四門出遊よりももっと生々しいことがあったのではないかと、従来の説とまったく違った感覚、視点で書いています。今回は、その一端をご紹介しましょう。

●命を犠牲にせずして得られる共存共栄の模索

お釈迦さまは、国々が割拠《かっきょ》していた紀元前六世紀のインドの小国の一つ、シャカ国に生まれました。父はこの国のシュッドーダナ王（浄飯王《じょうぼんおう》）であり、シャカ国は農業国であったと考えられています。

インドでは、二十歳になるとサンガ（和合衆《わごうしゅう》）に、入らなくてはなりません。サンガに入ることは、社会的にエリートの資格を得ることです。その代わり四つの義務もありました。

その義務とは、

①肉体、精神、財産をもってシャカ族の利益を守らなくてはならない。
②サンガの集会を欠席してはならない。
③シャカ族の行為に過失を認めたなら、恐れず、利益に惑わされず、明らかにしなければならない。
④罪に訴えられたなら立腹せず、罪あれば白状し、なければ無実を述べる。

若き日のお釈迦さま＝シッダールタも当然この義務を守り、八年間、真面目に一員としての役割を果たしていました。

ところが、隣のコーリヤ国との間を流れるローヒニー川の水利権争いがおきました。シャカ国は農業国ですから、水は貴重、水は命です。

そこで、毎年毎年、水のことでトラブルが起きるのは困る。この際、武力でコーリヤ国を制圧しようとサンガで話し合ったところ、シッダールタは反対します。「話し合えばいいではないか。武力で応ずることには絶対反対だ」。つまり戦争は解決にはならず、別の戦いを生むだけだというのです。

司令長官が多数決で賛否を問うたところ、圧倒的に戦争による隣国の制圧が多く、「戦争は嫌だ、参戦しない」といい張るシッダールタは、サンガの規則に外れる者になったわけです。

シッダールタは、参戦か、絞首刑か、一族の財産没収かと、三つの選択肢からの選択を迫られ、絞首刑を選びました。結局、自分の意思で出家するという形で、決着をつけることになったと、アンベードカルは書いているのです。

これは、きっと、アンベードカルの創作であろうと、私は見ています。彼が膨大な勉強から汲み取ったお釈迦さまの教えというのは、

「人間は、どこから生まれようと、人間としての共通の命を持っている。人間に差別はない。平等だ。今、生きている者が、同じ人間同士として、いかに相互信頼して生きていくかが大切だ」

ということです。

アンベードカルの本には、輪廻転生《りんねてんしょう》、往生《おうじょう》するということにはあまり関心がなく、今、生きている者がいかに幸せに共存共栄するかが大切だという点にウエートを置き、お釈迦さまが命の犠牲なしに救われる世界平和はないかと模索されたことに力点をおいて、その思想を説明しています。

今こそ、お釈迦さまのこの精神が必要なのではないか。日韓関係、日中関係などに不穏な空気があります。その中で日本は日本としての態度を示していく上で、考えるべき精神であると思います。

（平成十七年四月二十五日の講演）

文明の衝突を回避する

（平成十七年の）五月の末、世界宗教者平和会議と世界宗教自由連盟という二つの会が主催して、「愛・地球博」の地球市民村で開かれた「宗教者は文明の衝突を回避できるか」というシンポジウムに、仏教界を代表する形で招かれ、講演してきました。

●サミュエル・ハンチントンの著『文明の衝突』

これを機会に、一九九八年にサミュエル・ハンチントンという人が書いた『文明の衝突』という本を読みました。五百ページにもわたる大著ですが、東西冷戦の終結後、これからは「文明の衝突が起きる」、「地域紛争が起きる」という、暗い先行きが書かれている本です。

この本で彼は、「文明のアイデンティティーの追求によって統合や分裂や紛争が起きる」……人間には、自分を他から認めてもらいたいという願望があり、それぞれの文明・文化があるので、これからは「認知を求める闘争」が強くなると予見しているのです。

つまり、八大文明――西欧・中国・日本・イスラム・ヒンドゥー・スラブ・ラテンアメリカ・アフリカ――の中で、やがて西欧文明は衰え、中国文明とイスラム文明がだんだん拡大する。そして、西欧と非西欧という対立構図が出てくるのではないか、と見ているわけです。

もちろん、彼自身は西欧人であり、西欧的思想の人ですから、将来的に西欧の文明が優位に立つにはどうすればよいかと、たとえば軍事力を強めることをはじめ、いくつかの提言をしています。

そういう首肯しがたい部分もありますが、ハンチントンは、宗教というものが、文明の衝突を回避できると見ていました。もちろん宗教のみならず、学問、芸術、哲学、技術などには、国の差や人種の違いを超えて感動があり、共鳴できるところがあります。自分の文明だけを唯一絶対のものと考えず、それぞれの文明を受け入れながら、それぞれのよさを十分に時間をかけて理解していけば、闘争は避けられるというのが最終結論です。

どんな宗教も美しい人間像を目指しています

宗教者シンポジウムは、愛知県・日吉《ひよし》神社の三輪《みわ》隆裕《たかひろ》宮司が、

「万博のテーマが真実ならば二十一世紀は環境の世紀だが、そのためには二十世紀が残した戦争や闘争、不信を二十一世紀の早い時期に解決しなければならない」

と企画されたもので、基調講演は、国際自由連盟ジュネーブ代表のジョン・テーラーさんでした。

「どんな宗教も平和の教えを具《そな》えている。違いを認める以上に、そうした各宗教の根幹的な共通点に立脚して対話してゆくことが大切だ」

と述べられ、「文明の衝突を宗教は回避できる」と、結論づけられました。

私は、次のように提言しました。

今、多くの人が戦争の背後に宗教があるかに思っていますが、どの宗教も人を殺せとは教えず、救えと教えています。戦争と宗教は無縁であり、私は宗教とは「辛く、悲しく、苦しいときでも、それを耐え抜く免疫力の役割をするものだ」と思っています。現実の生活空間には多くの病原菌がありますが、それで病気になる人と、ならない人がいます。病気にならない人は免疫力があり、抵抗力があるのです。

同様に、宗教は、心の強さ＝免疫性を養うものだと思います。不調和の状態を調和ある形に整える力になり、誤った路線を修正する力や、戦争状態を平和な世界に導く力にもなり得るものです。

寛容と慈悲を説く宗教に忠実に生きるとき、文明の衝突は回避できます。しかし、これには時間がかかります。もし二千年の歴史を持つ宗教ならば、これから二千年先の未来に達成の時を見据え、営々と努力するのが宗教人であろうと思います。

（平成十七年七月十一日の講演）

究極の愛

（平成十七年の）十月の末、「宗教者懇話会創設十五周年」という行事に、講師として出席する機会がありました。

そこで、最初に宗教者の皆さんと唱和したのが、アッシジの聖フランチェスコの平和の祈りの言葉です。

「私をあなたの平和の道具としてお使いください」と始まりますが、私も毎朝五時の堂参で「この私を、お薬師さまの手足としてお使いください」と祈っていますので、深い共感を抱きました。

●自分を捨てて死に、他の命を生かす

堂参の前は、四時五分からのNHKラジオ『こころの時代』を聴いておりますが、そこで一か月ほど前、『焼身』という本を書かれた宮内勝典《みやうちかつすけ》という作家の方が話をされていました。

これは、ベトナムで釈広徳（ティック・クアン・ドゥック）師が、ガソリンを浴びて壮絶な死を遂げられた話であり、宮内さんはあのアメリカのツインタワー報道を見てこの焼身供養僧のことを思い出し、綿密な追跡調査をして一冊の本に仕上げられたのです。つまり、亡くなったティック師の人柄をよく知る人や、焼身供養を具体的に企画した人に順番に会って、鍵を開けるように真実を書いていかれました。

この出来事は、昭和三十八年六月十一日のことでしたが、私自身、その年の十一月、戒厳令の敷かれている中、短い日程ではありましたがベトナムを訪れ、仏教会を訪ねたりしましたので、とりわけ関心深くこの本を読みました。

そして師が、当時のゴ・ディン・ジェム大統領にあてた「心血の決心」などから、焼身供養の真意は、大統領がベトナムをキリスト教国にしようと仏教に多くの弾圧を加えたことに対して世界の人々がもっと目を向けてほしい……、仏教は永久不変だと信じてほしいということだと知り

ました。

焼身供養の当日は、内容は伏せたまま、各マスコミに、カンボジア大使館前の十字路に来てほしいと要請が出されました。多くの僧が円陣を作って車の侵入に備える中、師は二十リットルのガソリンをかぶり、自らの手でマッチをすったのです。

「自分の体が前に倒れたら凶だ。後ろに倒れたら吉だから、将来に希望がある」といっておられましたが、坐禅した体が一時は前に倒れかけたのをぐっと伸ばし、後ろに倒れて亡くなられました。

しかし、私は、焼身供養の目的を知らなかったときは、「仏教は殺生を禁じているではないか、自殺も殺生ではないか」と疑問を感じました。宮内さんも同じ思いだったようですが、取材に対しての答えは、「これは自殺ではない。供養だ。大乗仏教では、自分の体を燃やすことは禁じられていない」ということだったそうです。確かに『法華経《ほけきょう》』薬王菩薩品《やくおうぼさっぽん》に、「たとえ山、海、森、泉、池、井戸、マンゴーが実る美しい果樹園など、三千世界をそっくり喜捨したとしても、焼身供養には、遠く及ばない」と、あることは事実です。

●一人ひとりの利他行、犠牲行、菩薩行を

かつて戦前に長崎で布教活動をされ、帰国後ナチスドイツの捕虜収容所で、妻子のある死刑囚の身代わりとして死につかれたコルベ神父という方がおられました。キリスト教の教えにも、自分の命を捨ててまで人を救おうとする姿勢があります。

私にそれができるかとなると、とてもできません。が、私はこうも思いました。私の生母が乳飲み子の私をおいて亡くなったとき、決然と嫁いできてくれ、ほどなくの父の戦死後は兄と私を女手ひとつで育ててくれた「母」の行為は、まさしく私心を捨てた菩薩行、犠牲行ではなかったかと。

自分を捨てて与えるという究極の愛の中から、永遠の喜びが得られるのだと、心から思っています。

（平成十七年十一月二十一日の講演）

大慈悲是仏教

実はこの三日間（平成十八年）、大阪で仏教とキリスト教のシンポジウムがあり、私も参加して勉強し、また、宗教者の役割について発表させてもらいました。

そして今朝、ふと、あることを思いました。

亡くなられた高田《たかだ》好胤《こういん》管長は、いつも

「かたよらない心　こだわらない心　とらわれない心　ひろくひろく　もっとひろく　これが般若心経　空《くう》のこころなり」

と唱えておられました。私どももつねに皆さんと唱えていますが、なかには、「製品開発でも何でも、一つのことにこだわらなければ、進歩はないのでは」とおっしゃる方がいます。

そういうとき、私はいつも「大事なことにはこだわっていいのです」と話していましたが、では、何にかたより、こだわり、とらわれるのがよくないのか。それは一言でいえば、自分だなあ……。自分にとらわれるのがよくない。それをふーっと吹き消したところに、空の心があると思ったのです。

キリスト教も仏教も無を説きます。しかし、無とは、何もないという全面否定ではありません。虚無ではなく、自分にこだわり、とらわれる、自己中心的な心＝エゴ的な心を除きましょうということであって、では、除くためにはどうするかというと、慈悲の心を燃やせばいいのです。

●慈すなわち「与楽」、悲イコール「抜苦」

昨日の会で、タイの坊さんが、幸せになるためには二つの方法があると発言されました。一つは欲しいものを与えられること。もう一つは苦しみがなくなること。仏教でいう与楽抜苦《よらくばっく》。与楽は慈悲の「慈」であり、抜苦は慈悲の「悲」です。

天台宗の開祖・伝教大師最澄《でんぎょうだいしさいちょう》さんは、著書の『山家学生式《さんげがくしょうしき》』の中で、

「悪事を己に向かわし、好事を他に与える。己を忘れ、他を利するは慈悲の極みなり」

と述べておられます。

　嫌なこと、辛いこと、悲しいこと、不利なことは自分に向け、いいこと、楽しいことは他人さまに向ける。人間には自己愛着心がありますから、通常は反対です。悪事を他に向かわせ、好事を己に向ける。おいしいものは自分で食べ、まずいものは相手に与えるのが人間ですが、それは美しい人間像とはいえません。人間誰しもの自己愛着心を捨て、慈悲の心に変えてゆく、それが仏教で説く「ご回向《えこう》」ということでもあろうと思います。

お釈迦さまは、慈悲の大切さを説かれた。
（インドの仏像）

　簡単にいえば、「自己中心的な気持ちにならないで、少しでも慈悲の心を燃やして生きていきましょう。これが人間として、美しい生き方ですよ」ということに尽きるかと思います。祈りの心、願う心、人間の心の持ち方が体に、心に表われてきますから、その心の養いとして、慈悲の心の涵養が大切なのです。

仏教伝道協会から配布されてきた小冊子に、次のようなダライ・ラマの言葉が書かれていました。

「宗教やイデオロギーなどは、無くても生きていかれます。どんな智恵を授けるといっても、いらなければ断れます。しかし、愛と思いやりは誰にとっても必要なものです。この単純明快な真実こそが私の宗教であり、信念です。

その意味では、寺院も教会もモスクも要りません。複雑な哲学も教義も教理も要りません。私たち自身の心が寺院であり、教会であり、モスクです。思いやりが教義です。

相手が誰であろうと、他人を愛し、他人の権利と尊厳に敬意を払うこと、それが私たちに必要なものです。私たちのなすべきことは、これを日々の中で実践することだけです」

私は、この短い言葉に深く感動しました。要は、心づくりです。くり返しますが、それには慈悲の心を燃やすこと、それに尽きると思います。

（平成十八年四月二十七日の講演）

おわりに

三越での「まごころ説法」の聴聞者は、毎月続けて来られる方や、初めての方など様々です。そのため話す内容は同じ経典の連続物よりも、一回限りで完結する話をするよう心がけました。

しかし次は何の話をしようかと考えると、つい時節に応じた行事などが思いつき、同じような話になりました。たとえば二月は釈尊の涅槃《ねはん》の日に因《ちな》み涅槃や仏跡巡礼、三月は薬師寺の最大年中行事である修二会《しゅにえ》薬師悔過《けか》法要（花会式《はなえしき》）、四月は釈尊の生誕、五月は母の恩や玄奘三蔵の顕彰、八月は平和問題やご先祖供養、九月は老人の日に因み長寿と健康、十二月は成道会《じょうどうえ》に関して釈尊の苦行や悟りに関する話などです。一年もすると記憶は薄れますが、一冊の本となってみますと、ダブリが気になります。そこでそれらの部分を削除してはと思いましたが、編集氏は「同じ話でも切り口や前後が違うので大丈夫です」と慰められ、そのまま掲載することにしました。

そういわれてみれば高田好胤管長も、よく同じ話を繰り返されていました。高田管長は、

「同じ聴聞者に同じ話をしても、初めて説法する気持ちで話す。繰り返しが力やで、お釈迦さんは一生同じ話をしてはったんや。宗教家はそれに習って一つの話を繰り返してたらええのや」

と、繰り返しの大事さを強調されていました。そのとき私は、「確かに好きな歌手の歌ならば同じ歌を何回も聞くように、歌舞伎・文楽・能・狂言・落語などの古典芸能も、観客は飽きずに鑑

賞している」ということを連想しました。素晴らしい一流の芸ならば何度でも鑑賞出来ますが、まずい下手な歌や話を繰り返されたのでは苦痛を与えることになります。

この著は、一回につき一時間ほどの私の法話を、百余回ほどの中から選んで、僅かな文字数に纏《まと》めたものです。そのためにはお世話になった方々がいます。まず第六回から二七三回まで欠かさず文章化して下さった小田成さんです。小田さんは私の話をよく咀嚼して大意を見事に表現していただきました。次に大法輪閣編集部の元気溢れる佐々木隆友さんです。彼の熱意に敬服しました。そして高田管長の遷化《せんげ》後も継続して会場を提供して下さった三越さんです。そうした皆様のおかげの上に誕生した本です。そうした皆様に感謝致します。

また「まごころ説法」を楽しく聴聞していただくために健康に関する講師の先生方を年に二回紹介して下さった清野良民医学博士や、精神的な人生の生き方を話される講師を紹介して下さった家庭教育振興協会の永池榮吉先生にも感謝致します。

寺以外の講師としては、遠州流茶道宗家の小堀宗慶宗匠には二七三回のうちで、一五八回もお世話になり深く感謝致します。さらに、他のゲスト講師のお名前を掲載し感謝の意を表します。

アルフォンス・デーケン／井浦康之／井上洋治／井廻道夫／上島清介／上原まり／呉善花／永六輔／江本勝／遠藤実／岡芳知／小川雅弘／大倉正之助／おのちよ／かとうみちこ／川上貴光／河村陽子／木内綾／絹谷幸二／倉田澄子／越川禮子／小島保彦／後藤文雄／小堀宗実／小山敬次郎／税所弘／境川尚／三遊亭円窓／塩川正十郎／茂山忠三郎／清水榮一／下村澄

／菅原明子／杉田亮毅／杉山二郎／代田浩之／高倉公明／高田都耶子／竹本住大夫／立松和平／ドナルド・キーン／涂善祥／永井良樹／永池榮吉／永嶋久子／中村晋也／西川扇蔵／林田明大／半藤一利／坂東真理子／日野原重明／平山郁夫／平山吉雄／広瀬喜久子／広瀬徹也／ペマ・ギャルポ／細川佳代子／細川護熙／本條秀太郎／舞の海秀平／前田耕作／槙佐知子／増田寛次郎／斑目力曠／松井寿一／マリ・クリスティーヌ／丸山貴代／岬龍一郎／三井嬉子／宮沢正順／矢崎義雄／柳沢信夫／ヨゼフ・ピタウ

（敬称略・五十音順。右記の先生の中には二、三度も話していただいた方もおられます）

今後いつまで三越劇場での「まごころ説法」を続けさせていただけるか分かりませんが、当初予定は百八回でしたので十分お役目を果たしたことになります。しかし「まごころ」はいつでも、どこでも人間社会に必要で、「まごころ」の発揮されているところが「まほろば」です。今日の日本社会はその「まごころ」が希薄になっているように思います。「まごころ」は絶えず磨かなければ曇って見えなくなります。

「まごころ説法」を聴聞された方々が、少しでも心を浄化していただくことを祈っています。この著もその一役になれば幸いです。

平成十九年九月吉日

著者　感謝合掌

本書は、日本橋三越本店6階・三越劇場で毎月行われている催事「まごころ説法」において、著者が行った過去約11年分の法話の中から、57の話を選り抜き、その内容を要約・文章化したものを元として、一部加筆・修筆のうえ、単行本化したものです。

三越劇場「まごころ説法」のご案内

心の清浄を求めて…をテーマに、著者をはじめとする薬師寺高僧の法話やゲスト講師による講演が、毎月1回（開催日は不特定）午後1時より、日本橋三越本店6階・三越劇場において行われています。

入場は無料。（先着500名様）どなたでも聴講していただくことができます。

《お問い合わせ》

〒103-8001
東京都中央区日本橋室町1-4-1
日本橋三越本店6階　三越劇場
☎ 03-3274-8673

「お写経」のご案内

薬師寺のお写経は昭和43年より、金堂復興の浄財を勧進する目的で始められました。納められたお写経は薬師如来のご宝前に毎日供えて供養し、復興された堂塔に一千巻ずつまとめて棚に奉安しております。

私たちはやがて灰と化す儚い命ですが、お写経は薬師寺がある限り、永代供養（半永久的に保存）されます。

心の浄化や、あるいは脳の活性化（お写経には脳活性化の効果があるということが、昨今、脳機能研究の分野で言われているようです）などのためにも、お写経されることをお勧めいたします。

お写経をご希望される方は、下記へお申し込み・お問い合わせ下さい。

《お申し込み・お問い合わせ》

〒630-8563
奈良市西ノ京町457
薬師寺伽藍復興事務局
☎ 0742-33-6001
http://www.nara-yakushiji.com

〒141-0022
東京都品川区東五反田5-15-17
薬師寺東京別院
☎ 03-3443-1620
http://www.yakushiji.or.jp/

※納経供養料：1巻につき2000円

「まほろば塾」のご案内

故高田好胤管長が、昭和 40 年代中頃、松下電器産業創業者の松下幸之助氏から「戦後の日本経済は順調すぎるほど順調に伸びてきたが、このまま進むと日本はおかしくなる。高田さんが中心になって何か精神運動を起こしてほしい」と依頼されました。そこで発足したのが「日本まほろばの会」でした（「まほろば」とは「美しい所」「素晴らしい所」という意味です）。しかし高田管長の遷化などの理由により、会は消滅してしまいました。

そこで平成 15 年に著者が薬師寺管主に就任した折、「薬師寺 21 世紀まほろば塾」と改称し、再発足しました。幸い読売新聞社の創業 130 周年記念事業の一環として取り上げられ、共同主催となりました。

著者は、「感謝の心・慈愛の心・敬いの心・詫びる心・赦す心」の五つの心によって、「まほろば」を実現していくための運動を行っています。

こうした趣旨に関心があり、入会をご希望される方は、下記へお申し込み・お問い合わせ下さい。

《お申し込み・お問い合わせ》

〒 630 - 8563
奈良市西ノ京町 457　薬師寺内
薬師寺 21 世紀まほろば塾　係
☎ 0742 - 33 - 6001

安田　暎胤（やすだ・えいいん）

昭和13年岐阜市生まれ。同25年12歳で出家し、奈良・薬師寺に入山、橋本凝胤師の薫陶を受ける。同37年龍谷大学大学院修士課程修了。同39年5月より4ヶ月間、名古屋大学学術調査隊員として、アフガニスタンを調査。同42年薬師寺執事長となり、高田好胤管長と共に伽藍復興に努める。平成10年に薬師寺副住職、同15年より薬師寺管主となる。

主な著書に『心の道しるべ』『この道を行く』『花のこころ』（以上講談社）、『玄奘三蔵のシルクロード』全4冊（東方出版）、『人生の四季を生きる』（主婦と生活社）、『住職がつづる薬師寺物語』（四季社）など。

まごころを生きる—人生をひらく仏の心

平成19年 10月10日　第1刷発行 ©

著　者　安田暎胤
発行人　石原大道
印刷所　三協美術印刷株式会社
製　本　株式会社 若林製本工場
発行所　有限会社 大法輪閣
東京都渋谷区東2−5−36　大泉ビル2F
TEL　(03) 5466-1401（代表）
振替　00130-8-19番

ISBN978-4-8046-1259-1　C0015　Printed in Japan